FILHOS INTELIGENTES ENRIQUECEM SOZINHOS

Patrícia S. G. dos Santos
Alves 06/01/10

Gustavo Cerbasi

FILHOS INTELIGENTES ENRIQUECEM SOZINHOS

Como preparar seus filhos para lidar com o dinheiro

Editora Gente

Editora
Rosely M. Boschini

Assistente editorial
Rosângela Barbosa

Produção e projeto gráfico
Marcelo S. Almeida

Capa
Daniel Pampazzo
Cada das Idéias

Diagramação
Join Bureau

Preparação
Thelma Guimarães

Revisão
Jô de Melo

Rua Pedro Soares de Almeida, 114
São Paulo, SP, CEP 05029-030, telefone: (11) 3670-2500
Site: http://www.editoragente.com.br
E-mail: gente@editoragente.com.br

Dados Internacionais de Catalogação na Publicação (CIP)
(Câmara Brasileira do Livro, SP, Brasil)

Cerbasi, Gustavo
Filhos inteligentes enriquecem sozinho – como preparar seus filhos para lidar com o dinheiro / Gustavo Cerbasi — São Paulo : Editora Gente, 2006.

ISBN 85-7312-513-6

1. Dinheiro 2. Dinheiro – Administração 3. Herança e sucessão 4. Investimentos I. Título

06-6674 CDD-332.678

Índices para catálogo sistemático:
1. Investimentos e heranças para os filhos :
Administração : Economia 332.678

A Adriana, verdadeira companheira em todos os
momentos, inclusive na aventura de construir
riquezas e multiplicar conhecimentos.

Agradecimentos

Ao parceiro, amigo e editor Roberto Shinyashiki, por suas providenciais orientações e contribuições ao texto.

A Thelma Guimarães, Maurício Iañez e Lawton Benatti, pelas críticas construtivas.

Aos leitores de meus outros livros, que com suas dúvidas inspiraram muitas respostas e opiniões aproveitadas nesta obra.

A meus pais e sogros, pelos ensinamentos e pelo carinho que inspiraram nossas conquistas.

A meus queridos tios Hermenegildo (com saudades) e Teresa, pessoas do mais puro coração e exemplos a serem seguidos, que marcaram minha vida ao ensinar muito sobre a essência das pessoas, coisa que gente do campo conhece muito bem.

A meus técnicos de natação Paulo Ramos, Mário Domingues e Hélio Augusto Gori, que muito contribuíram para a fase mais delicada da minha formação, a adolescência.

A toda a equipe da Editora Gente, por sua dedicação, apoio, motivação e trabalho de qualidade que todos podem reconhecer ao ter este e meus outros livros em mãos.

A todos os que têm contribuído com críticas ao meu trabalho, cujos nomes me privo de citar para não cometer injustiças.

Sumário

Introdução

Depois da estabilização da economia brasileira, as pessoas começaram a perceber os bons efeitos da baixa inflação e do sistema financeiro mais seguro. O número de contratações de planos de previdência privada deu um salto impressionante, e a mídia deu atenção maior a essa nova preocupação da classe média brasileira. De carona na discussão sobre previdência, aumentou também a diversidade de notícias e matérias sobre investimentos, bancos, ações, imóveis, independência financeira e a busca do primeiro milhão.

Se você decidir procurar informações sobre planejamento financeiro, investimentos e construção de riqueza, perceberá que hoje esse é um assunto corriqueiro em jornais e revistas, na internet e em rádios e programas de televisão. As revistas femininas, por exemplo, incluem uma coluna sobre dinheiro entre suas seções de beleza, compras e saúde.

Há poucos anos, quando escrevi meu primeiro livro, Dinheiro: os Segredos de Quem Tem, critiquei o fato de o brasileiro gastar muito com beleza, saúde e dietas, mas não se preocupar em dedicar ao menos algumas horas mensais de seu tempo ao aprendizado sobre dinheiro. Quatro anos depois, surpreendo-me com a velocidade com que uma nítida transformação cultural se desenvolve. Hoje a classe média brasileira sabe que este país é maravilhoso para quem se predispõe a construir riqueza de forma planejada. E a parcela adulta dessa mesma classe média ressente-se de ter despertado tarde para tal oportunidade.

Se o Brasil é um país maravilhoso para quem quer construir riqueza, por que não nos contaram isso na escola? Ou na faculdade? Por que seu primeiro empregador não lhe ensinou a lidar bem com seu primeiro salário? Não importa a idade em que um adulto tem contato pela primeira vez com boas informações sobre dinheiro ou com um consultor financeiro. A impressão que temos é a de que sempre despertamos tarde para o assunto. "Ah, se eu tivesse começado aos 18 anos..." é uma frase que ouço freqüentemente.

De fato, quem pensa assim está correto. Seria bem mais fácil construir riqueza se começássemos cedo. Não é difícil para um estudante que recebe 600 reais mensais de bolsa-estágio poupar 30% do que ganha. Mas é uma tarefa praticamente impossível convencer um chefe de família de 50 anos a poupar 10% de sua renda, se ele nunca cultivou o hábito de poupar. Esse adulto dirá que seus filhos estão na faculdade, precisam de livros e roupas, precisam comer bem, e, em função de necessidades tão fundamentais, a família está sempre vivendo sob restrições desagradáveis.

É por essa razão que escrevo este livro. Porque começar cedo e da forma correta pode diferenciar um milionário de um endividado. E porque adultos que não sabem lidar com dinheiro estão buscando respostas a seus problemas pessoais, ao mesmo tempo em que sua mente alarmada os avisa que seus filhos podem ter um futuro bem mais próspero se a orientação adequada chegar na hora adequada.

Neste livro, você verá como atitudes simples e ferramentas interessantes podem ser utilizadas para que seus filhos adquiram uma postura bastante saudável em relação ao dinheiro. Não proponho aqui um curso de matemática financeira nem de economia, mas sim um conjunto de dicas e ferramentas que, em meu trabalho como consultor financeiro, vejo funcionar de forma muito eficiente nas famílias. Não bastasse o papel de especialista em Finanças e construção de riqueza, já vivi os papéis de filho, sobrinho, neto, aluno e estagiário. Tive, em cada fase de meu desenvolvimento, a felicidade de ter sido bem preparado nas fases anteriores para saber distinguir valores e respeitar o dinheiro. Ou, nas situações para as quais não fui bem preparado, ensinaram-me ao menos a tirar boas lições de meus erros.

O texto refere-se sempre a pais e mães, mas levo em consideração que o livro será lido também por educadores, tios, padrinhos, avós e todos aqueles que resolveram assumir parte da responsabilidade de construir um futuro digno e próspero para frágeis, mas espertas, crianças que multiplicarão nossas heranças – não só financeiras, como também morais – no futuro. Não importa o grau de sua participação na concepção da ou das crianças que o inspiram a ler este livro. Sua nobre preocupação merece ser adjetivada como materna ou paterna.

Como venho de família de origem humilde, não contei com um berço de ouro para garantir presentes, brinquedos, cursos e livros com a abundância que meus pais desejariam. Mas o fundamental não me faltou. Como sei que você, pai ou mãe, pode também garantir esse fundamental a seus filhos, tenho certeza de que a leitura das páginas a seguir será o primeiro passo para erguer um belo castelo de riquezas em sua família, ou para perpetuar um patrimônio que vocês vêm mantendo ou construindo com perseverança e disciplina. Deixar uma herança para os filhos não é deixar um monte de dinheiro, mas ensiná-los a competência para cuidarem de seus próprios recursos. Por isso, convido-o a uma leitura tranqüila e sem pressa, procurando absorver e colocar em prática cada vírgula dos vários ensinamentos que preparei com este trabalho.

Boa leitura!

1

Capítulo

Pais e filhos sabem lidar com o dinheiro?

Você, pai ou mãe que está iniciando a leitura deste livro, merece neste instante meus parabéns. Os motivos que trazem este texto a suas mãos são certamente nobres. Preocupação com a segurança dos filhos, percepção de que o caminho é mais fácil quando iniciado desde cedo e resignação quanto à indiferença do currículo escolar em relação a ensinamentos sobre riqueza são provavelmente alguns desses motivos. Essa nobre preocupação materna ou paterna já é um passo importante para garantir o bem-estar de seus filhos.

Contudo, reconheçamos os fatos. É muito provável que tal preocupação decorra de uma constatação alarmada de que é possível – você só não sabe como – levar aos filhos um bom punhado de orientações que, se estivessem a seu alcance em sua infância ou adolescência, teriam lhe permitido estar em situação financeira bem melhor hoje.

Como seres racionais, aprendemos com ensinamentos e com reflexões sobre nossos erros. E, durante o curso de sua vida até tornar-se pai ou mãe, é provável que você tenha errado bastante em escolhas de consumo, de investimentos ou de financiamentos. Hoje, ciente dos erros que cometeu, sabe que muitos deles se deveram à simples falta de referências, ou à influência de amigos ou parentes, que evidentemente também erram, ou ainda à ausência de alguém a quem recorrer para esclarecer dúvidas sobre dinheiro.

Não é culpa sua. Seus pais, avós de seus filhos, não tinham condições de lhe ensinar muita coisa sobre planejamento financeiro, pois viveram a maior parte da vida em uma realidade bastante diferente da de hoje. Antes da década de 1980, o forte crescimento das cidades brasileiras fazia da aquisição de imóveis uma regra universal para enriquecer. Após esse período, a sociedade brasileira mergulhou num ambiente de inflação fora de controle, época em que um trabalhador não tinha como prever qual seria seu salário no mês seguinte. Seus pais não podiam ensiná-lo a confiar em bancos, pois o sistema financeiro brasileiro era muito mais frágil até 1999, quando foram instituídas regras rígidas[1] para limitar o risco daquelas instituições. Não contavam com as inúmeras e rentáveis alternativas de investimento de que dispomos hoje. Nem com o enorme volume de informações financeiras que encontramos hoje em jornais, revistas, televisão, rádio e internet, em grande parte sem custo nenhum. Obviamente, seus pais também não tiveram na escola noções de economia doméstica e enriquecimento. Muitos avós de hoje nem sequer tiveram a oportunidade de cursar uma escola!

Somemos a essa realidade o passado pobre do Brasil, que assistiu nas últimas décadas a uma interessante elevação no padrão de vida de grande parte da classe média. Muitos pais de hoje tiveram uma infância repleta de restrições financeiras. Mesmo que seus pais tenham tido a oportunidade de lhes assegurar um nível mínimo de conforto em termos de alimentação, vestuário, moradia, educação e saúde, é inegável que nossa classe média teve sua infância e adolescência menos consumista do que a dos jovens de hoje. Crescemos com uma incômoda sensação de "falta", apesar do esforço e das conquistas de nossos pais.

Presentes eram menos freqüentes. Crianças de hoje esperam muito mais do que celebrações de datas festivas. Esperam compensações, com pre-

1. A Resolução nº 2682/99, do Conselho Monetário Nacional, obriga os bancos a cobrir todo o risco de suas operações de crédito com provisionamentos de recursos em caixa. Em outras palavras, se algum cliente deixar de honrar as dívidas contraídas num banco, esse banco não deixará de honrar as obrigações com clientes que nele investiram. A mesma resolução define os procedimentos para apuração dos níveis de risco das operações e estabelece que o Banco Central do Brasil deve fiscalizar mensalmente o cumprimento das regras pelos bancos. Com isso, grandes bancos têm possibilidades mínimas de não conseguir honrar seus compromissos com clientes.

sentes caros, de todo o tempo que seus pais deixaram de dedicar à família em nome do trabalho. Na cabeça das crianças, o trabalho que afasta seus pais de seu convívio é o preço a pagar para ter muito dinheiro e poder comprar muitas coisas. Itens de luxo do passado, consumidos apenas em eventos especiais, como refrigerantes, salgadinhos e um sem-número de produtos industrializados, tornaram-se *commodities* de consumo cotidiano. As referências de consumo evoluíram.

Talvez uma das três reflexões abaixo tenha feito parte de sua infância ou adolescência:

Sobre a renda – *Papai sai de casa cedo todos os dias, ainda antes de o sol nascer, passa o dia inteiro longe de casa e volta tarde, o céu já escuro. Quando chega em casa, nem tem tempo para falar com a gente, às vezes fica bravo com a mamãe, nem parece que gosta de estar em casa... Tanto sacrifício e mesmo assim tudo é tão limitado, não dá para comprar muita coisa no mercado, não dá para ter a camiseta do meu time de futebol. Deve ser duro trabalhar tanto e ganhar tão pouco...*

Sobre o consumo – *"Pai, mãe, será que o Papai Noel vai me dar uma bicicleta de presente?", perguntei uma vez. A resposta não foi exatamente a que eu gostaria de receber. Tudo bem que eu deveria ser uma criança bem-comportada, não fazer mal a nenhuma outra criança, respeitar os adultos e ir bem nas avaliações da escola. Mas por que meus pais disseram que, para o Papai Noel me trazer uma bicicleta, eu teria que abrir mão de meus presentes de aniversário e de Dia das Crianças? Tão poucas datas para ganhar presente e eu teria que sacrificar duas para conseguir realizar meu sonho?!*

Sobre luxos – *Chegou o fim de semana. Finalmente! Sábado e domingo são especiais não somente por ser os dois dias de descanso da escola. São dias de ver os avós, parentes, padrinhos e de passear. Isso significa ter alguns luxos que não temos durante a semana. Quem sabe meus pais compram um* *picolé ou um chocolate na praça... Se não comprarem, tudo bem, porque no domingo almoçaremos com vovô e vovó, e com certeza eles terão algumas balas e abrirão uma garrafa de refrigerante para dividir com todo mundo. Uma fartura!*

Muitas famílias de classe média de hoje ainda vivem a realidade mostrada nas cenas descritas acima. Vida simples e humildade. Apesar de não faltar nada de que uma família precisa para estar bem, pelo menos na percepção das crianças não há grandes luxos como aqueles que as famílias das novelas usufruem.

No entanto, uma parcela muito grande de nossa classe média enriqueceu juntamente com o país, aproveitando as oportunidades que surgiram com a abertura do mercado brasileiro e com a estabilidade da economia a partir de 1995. E, ao enriquecer, optou por rejeitar a vida um pouco mais simples de sua infância e decidiu correr atrás de um padrão de vida melhor. Em outras palavras, decidiu batalhar contra aquela sensação de "falta" que permeou seus primeiros anos de vida.

A nova classe média quer satisfazer prazeres de seus filhos, mas faz isso de forma não planejada e sem medir as conseqüências. Não há data certa para luxos nem para comemorações. Como o casal moderno trabalha, sobram poucos minutos por semana com a família, e esses poucos minutos devem ser transformados em celebração. Refrigerantes e *fast-food* passaram a ser cotidianos. Presentes não são mais justificados por datas festivas. Como trabalhamos muito e ganhamos muito mais, podemos compensar nossa ausência com a compra de bem-estar para os filhos.

No passado, as crianças sentiam falta de mais luxos em sua família. As crianças de hoje, rodeadas de luxos, sentem falta de sua família. O pior é que muitos pais acreditam que suprem essa falta simplesmente por conseguir comprar tais luxos. Algo precisa mudar, e você sabe disso.

Por que jovens não sabem lidar com o dinheiro

Pais que criam filhos numa sociedade repleta de oportunidades profissionais para pais e mães acabam trocando boa parte da tarefa de criá-los pela oportunidade de incrementar ganhos e proporcionar um padrão de vida melhor à família. Por isso, acabam confiando essa tarefa a babás, avós, professores e toda sorte de educadores. É uma troca difícil e dolorosa, mas muito bem-intencionada.

Mesmo as pessoas que passam a interagir com as crianças durante mais tempo que seus pais podem ser bem-intencionadas. Mas as boas intenções, infelizmente, não suprem limitações próprias da formação dessas pessoas.

Minhas considerações sobre avós que viveram a maior parte da vida num ambiente financeiro turbulento e inseguro justificam meu alerta. Adultos também precisam esforçar-se para aprender os benefícios do planejamento financeiro numa economia estável, pois essa realidade é novidade em nossa cultura. Some-se a isso a conhecida generosidade de avós com netos, que com presentes em excesso e flexibilidade nas regras – quaisquer regras! – tendem a formar jovens mimados e com uma falsa visão do sacrifício dos pais. Por mais que se esforcem em contrário, avós tendem a mimar seus netos. Por isso, na maioria das famílias, podem não ser as pessoas certas para iniciá-los nas finanças.

Também não podemos esperar milagres de babás ou quaisquer pessoas que se encarreguem do cuidado provisório dos filhos. A maioria das pessoas que desempenham essa atividade é de origem humilde, o que provavelmente as privou de uma educação diferenciada em escolas privadas. É sabido que o ensino público brasileiro há décadas carece de qualidade para as disciplinas curriculares básicas. Não é sensato cobrar dessas pessoas uma capacidade inata de construção de riqueza. Quando a têm, são exceção à regra. Se estão fora da média e com boa formação e discernimento para educar bem nossos filhos, são profissionais que demandam dos pais as ferramentas adequadas para cumprir bem seu trabalho. Se os pais não souberem o que e como ensinar a seus filhos, essas pessoas simplesmente não o farão no lugar deles.

Os professores do ensino fundamental e médio, assim como os treinadores, instrutores e especialistas que ensinam as crianças a jogar, tocar, pintar, dançar e falar outro idioma, são adultos com as mesmas deficiências que os pais têm ao lidar com o dinheiro. Apesar de normalmente estarem preparados para educar, sua capacidade restringe-se a sua especialidade. Os brasileiros estão começando a entender o significado de planos de previdência, planejamento de longo prazo e investimentos para uma aposentadoria segura. Não é razoável esperar que um jovem profissional de qualquer área de ensino seja também um especialista em educação financeira ou construção de riqueza. As condições econômicas necessárias ao sucesso de planos de longo prazo surgiram somente após o Plano Real. Somos todos iniciantes nesse tipo de conhecimento.

Por tudo isso, não é sensato confiar plenamente a terceiros todo o desenvolvimento de nossos filhos. Avós podem suprir a noção de família ou a falta de carinho. Babás podem suprir as necessidades de asseio, organização e alimentação. Professores podem ensinar o plano curricular previsto por nosso arcaico modelo educacional e ajudar na socialização de nossos filhos. Outros profissionais podem ensiná-los a dançar, cantar, jogar, nadar e desenhar. Mas a tarefa de incutir valores na vida de nossos filhos e de ajudá-los a administrar suas capacidades e seus ganhos financeiros compete aos pais.

Isso não é novidade para nenhum pai ou mãe, pois até hoje não tive contato com ninguém que tenha confiado ao professor ou à babá a tarefa de decidir quanto os filhos mereceriam de mesada. É um assunto intimamente relacionado ao padrão de vida e aos valores familiares, coisas que só a própria família tem condições de dimensionar.

Mas a maioria dos pais ainda não percebeu isso. Eles agem apenas por intuição. Isso faz com que a maioria dos jovens, seus filhos, sinta-se completamente desorientada quanto ao bom uso de mesadas, poupanças e presentes. Muitos aprenderão as regras a duras penas, após errar muito. Como os adultos que hoje se preocupam com seus filhos aprenderam. Por isso, fico feliz com o fato de você estar lendo este livro. Provavelmente, você reduzirá bastante os erros de seus filhos e os ajudará a lidar melhor com o dinheiro.

Uma semana antes da festa de aniversário de um sobrinho, perguntei a ele o que mais gostaria de ganhar. Como ele iria fazer apenas 4 anos, eu não esperava nada absurdamente caro como resposta. Minhas expectativas se confirmaram. "Tio, o que mais quero é uma luva de beisebol, porque pedi um taco para meu pai!" Surpreendi-me um pouco com a resposta, tanto pela simplicidade do pedido quanto pela originalidade – por que não uma bola de futebol? Ao chegar a sua festinha e entregar a luva de presente, vi que ela não teria mais utilidade. "Tio, vamos jogar o videogame que meus pais me deram?" Ao perguntar aos pais o porquê da escolha de um presente de algumas centenas de reais para um filho com expectativas bem mais modestas, a resposta foi: "Tinha que ver a alegria dele!" Contaram-me que só faltou o filho subir pelas paredes de tanta alegria. Na opinião deles, valeu cada centavo gasto.

Na minha modesta e econômica opinião, uma criança sobe pelas paredes de alegria até mesmo quando seus pais a levam para a beira de um lago, com um pão na mão, para dar de comer a peixinhos e patos. Alguns meses depois, ao visitá-los, percebi claramente os efeitos de uma má escolha. Os pais estavam frustrados. "Ele não desgruda do videogame!" era uma das queixas. "Toda vez que queremos sair de casa, ele impõe a condição de comprarmos um novo jogo para o videogame." Os pais estavam desesperados. Culpa da criança?

Você está preparado para educar seu filho?

Um passo importante para instituir no lar um clima propício à conversa e ao aprendizado sobre dinheiro é identificar as barreiras impostas a tal clima pelos próprios pais. O teste que apresento a seguir relaciona algumas questões e ferramentas importantes para a educação financeira de crianças e adolescentes. As próprias alternativas oferecidas já o induzirão a entender alguns aspectos essenciais ao bom aprendizado sobre finanças. Assinale ou anote numa folha de papel as respostas a cada pergunta, com sinceridade. Em caso de dúvida ou quando determinada situação não se aplica a sua família, escolha a alternativa que mais se aproxima de sua realidade ou aquela que você acredita que aconteceria em situação semelhante em seu lar.

1. Quanto ao tempo que dedico a meus filhos:
   a) venho dedicando pouco tempo a meus filhos e sei que preciso mudar isso;
   b) por ser escasso, dedico-me exclusivamente a brincadeiras e convivência ou exclusivamente a orientações quanto a suas tarefas escolares;
   c) consigo equilibrá-lo com atividades tanto de lazer quanto de apoio ao desenvolvimento e à educação.

2. O aprendizado de meus filhos sobre dinheiro está hoje dependendo:
   a) do conteúdo e das atividades ensinados na escola;
   b) da escola e da observação de meus filhos em relação aos hábitos das pessoas que os rodeiam;
   c) além do que aprendem fora da família, procuramos enfatizar de forma bastante ativa algumas informações importantes e tirar lições das diversas situações cotidianas.

3. Pensando num cofrinho ou outra forma de guardar dinheiro cuja acumulação dependa essencialmente da disciplina *dos meus filhos*, posso dizer que:

a) eles não têm ou nunca tiveram;

b) têm ou já tiveram, mas nunca demos muita atenção a ele;

c) têm ou já tiveram, e eles periodicamente fazem compras com o que conseguem acumular.

4. Quanto a minha vida financeira pessoal:

a) está uma bagunça, desequilibrada, eventualmente ou sempre em dívidas, com pouca ou nenhuma reserva financeira;

b) tirando um ou outro deslize, consigo manter-me equilibrado, sem dívidas mas também sem reservas financeiras;

c) mantenho um controle financeiro pessoal disciplinado, com anotações de meus gastos, um razoável pé-de-meia e alguns planos traçados para adquirir bens no futuro.

5. Nas conversas em família sobre dinheiro:

a) em casa não é comum conversarmos sobre dinheiro;

b) quando tratamos de dinheiro, procuramos preservar as crianças e mantê-las longe da conversa;

c) as crianças participam de praticamente todas as conversas sobre planos e gastos da família, até contribuindo com nossas escolhas.

6. Quando vou com meus filhos ao shopping ou a qualquer situação de compra:

a) eles fazem questão de levar algo de presente para si também e, se não levam, fazem um grande escândalo ou ficam emburrados;

b) apesar de eles serem controlados e saberem quando a ida ao shopping é para comprar algo para eles ou não, eventualmente voltamos brigados pelo fato de o desejo deles não ter sido atendido;

c) eles não cultivam expectativas de adquirir presentes fora de época, o que faz de cada ida ao shopping com as crianças uma rotina sem problemas.

7. Ao comprar jogos e livros para meus filhos:

a) deixo a cargo deles a opção pelo item favorito;

b) procuro adquirir produtos que enfatizem a diversão, afinal serão utilizados em momentos de lazer;

c) busco sempre um conteúdo educativo, vasculhando atentamente as informações a respeito e evitando comprar itens que nada tenham a contribuir para a criatividade, o raciocínio ou o conhecimento.

8. Quanto ao interesse de meus filhos por dinheiro:

a) não há muito interesse ou eles ainda são jovens para isso;

b) eles demonstram curiosidade, às vezes com questionamentos interessantes;

c) eles são extremamente atentos ao dinheiro, fazem questão de participar das atividades de compras, procuram guardar sempre que possível e não perdem uma oportunidade de conseguir algum trocado extra.

9. Quando sou subitamente indagado por meus filhos sobre questões relativas ao dinheiro:

a) fujo do assunto ou evito aprofundar-me nas explicações, por entender que ainda é cedo para falar de dinheiro com eles;

b) explico de forma simples, em poucas palavras, e depois falo que, quando eles começarem a ganhar dinheiro, entenderão melhor o que quero dizer;

c) interrompo o que estou fazendo, ou peço alguns minutos para concluir a atividade, e então me organizo para abordar longamente a dúvida levantada, até que eles se sintam satisfeitos com a explicação.

10. Estou lendo este livro porque:

a) ele me foi presenteado ou recomendado por alguém;

b) deparei com ele na prateleira da livraria ou em alguma fonte de informação e achei o tema interessante;

c) estou há algum tempo profundamente interessado em preparar meus filhos para uma vida mais rica e estava procurando ajuda.

PONTUAÇÃO

Atribua a cada resposta:

- *a*, 1 ponto;
- *b*, 2 pontos;
- *c*, 3 pontos.

RESULTADOS DO TESTE

10 a 15 pontos: a relação entre você, seus filhos e o dinheiro é muito pobre. Por dificuldades que você provavelmente tem no trato com o dinheiro, seus filhos podem estar se encaminhando para um futuro sujeito a tropeços e endividamentos. Felizmente, é possível fazer muito pelo futuro dos filhos, independentemente da idade em que iniciamos, e o livro que você tem em mãos pode ajudá-lo nessa tarefa.

16 a 25 pontos: aparentemente você e seus filhos têm uma relação saudável com o dinheiro, mas com boas oportunidades de melhoria. Falta diálogo mútuo sobre o assunto e, por isso, a adoção de algumas práticas didáticas pode iniciar um intenso desenvolvimento dos conhecimentos financeiros de seus filhos, uma vez que eles não demonstram total desinteresse pelo assunto.

26 a 30 pontos: parabéns! Você criou uma rica relação entre seus filhos e o dinheiro. Contudo, nunca é demais adquirir novos conhecimentos e idéias para fortalecer nossas qualidades, por isso a leitura deste livro pode ajudá-lo a focar melhor suas orientações.

2

Capítulo

Dá para contar com a escola?

Até que ponto podemos contar com as escolas na tarefa de preparar nossos filhos para a vida? Essa é uma questão polêmica, uma vez que a intensa competitividade do mercado de trabalho e o aumento do grau de expectativa dos pais em relação ao futuro desempenho profissional dos filhos vêm transformando parte das escolas numa espécie de fábrica de vestibulandos. Mais do que por sua capacidade de preparar crianças e jovens para a vida, o sucesso de algumas escolas costuma ser medido por sua eficiência em prepará-los para passar em provas.

Quando uma escola oferece atividades complementares ao currículo tradicional exigido nos vestibulares, como práticas esportivas, atividades externas, aulas de culinária ou mesmo de economia doméstica, tais atividades são tratadas como opcionais ou "extracurriculares". São oferecidas como luxos de escolas privadas cujo público pode pagar mais por esse diferencial.

Quem não possui condições de pagar polpudas mensalidades escolares tem de contar com escolas que se restringem a oferecer o currículo básico exigido pelo Ministério da Educação e Cultura (MEC). Na maioria dos casos, transmitido por professores mal remunerados e conseqüentemente mal preparados, cuja preocupação resume-se a fazer com que os alunos tenham um grau mínimo de aproveitamento em provas. Professores preocupados de verdade com a formação moral e a construção de valores são, infelizmente, minoria nas escolas populares. Em muitos casos, por pura falta de reconhecimento de suas tentativas passadas, seja por parte de alunos, de coordenadores ou até mesmo de pais.

Por outro lado, professores capacitados a educar bem são cada vez mais intimidados e pressionados por pais que, numa atitude impressionantemente irresponsável, mimam seus filhos e colocam os educadores contra a parede quando estes elevam a voz ou repreendem os pequenos príncipes e princesas. Infelizmente, não são raros os relatos de professores que já sofreram, nas escolas de classe média alta, a mais suja das pressões: a oferta de dinheiro em troca de tratamento diferenciado a determinado aluno. Péssimo exemplo para um filho, pois lhe dá uma lição de corrupção.

Assim como ocorre no campo das finanças, escolhas ruins na educação mostrarão seus efeitos apenas no futuro. Apesar de ser papel da escola oferecer aos jovens a maior parte do conhecimento que eles acumularão na vida, é função dos pais selecionar a escola de seus filhos. Por isso, não basta confiar as crianças às escolas tradicionais, ou então à mesma escola em que se estudou quando pequeno se ela não tiver se renovado.

Cabe aos pais dedicar tempo para pesquisar as melhores escolas, avaliando detalhes curriculares, metodologias de ensino, abertura à participação e envolvimento dos pais e preocupação não somente com o conhecimento, mas também com a formação do caráter. É uma missão que consome muito tempo, preço a pagar pelas melhores escolhas. Cabe também aos pais adotar uma postura responsável e compartilhar com a escola as regras propostas para o bom funcionamento do modelo educacional escolhido.

Nos itens a seguir faço algumas reflexões sobre o papel das escolas na formação dos filhos e seu impacto nas finanças pessoais de nossos futuros adultos.

A escola educa para a vida?

Se, durante a leitura deste texto, você começasse a sentir uma forte agulhada no lado esquerdo do peito, com a visão escurecendo, um formigamento percorrendo o lado esquerdo do corpo, do maxilar até as mãos, o que você faria? Tentaria relaxar e curtir a sensação? Tenho certeza de que não.

Talvez você não tenha percebido, mas alguns de seus professores buscaram, por meio de seu trabalho, prepará-lo para algo além do vestibular. Propositalmente ou não, nossos professores de Ciências ou de Biologia incentivaram-nos a digerir – ou talvez nos enfiaram goela abaixo mesmo – algumas informações importantes para nossa sobrevivência. Se você teve professores bem preparados, talvez tenha aprendido com eles algo sobre sintomas de um enfarte. Mesmo que fossem excessivamente pragmáticos e limitados ao currículo, ao menos lhe ofereceram um mínimo de informação que serviu de base para um dia, ao folhear o jornal, você se interessar por uma matéria de utilidade pública que orientava sobre os procedimentos recomendados em caso de enfarte. Por isso, ao sentir sintomas como os descritos no parágrafo anterior, você sabe que não pode simplesmente relaxar. Deve pegar na mão da pessoa mais próxima, não importa se conhecida ou não, e pedir que o encaminhe quanto antes a um ambulatório ou aos cuidados de um médico. Deve tossir e bater forte contra o peito, para estimular o coração. Noções facilmente assimiláveis por qualquer pessoa que um dia tenha assistido a uma aula sobre o músculo mais importante para nossa sobrevivência.

Durante anos, cultivei um forte rancor contra uma professora de História que tive na escola. Sem ter abordado o assunto em sala de aula, ela nos pediu que levantássemos nos jornais o nome de todos os ministros do Brasil, cobrando os resultados da pesquisa numa prova. Um absurdo incompreensível para nós, pobres estudantes de 12 anos de idade. Será que só aquela maluca não entendia que aquela pesquisa era completamente inútil? Afinal, no dia em que terminássemos os estudos, nenhum daqueles ministros estaria mais na função! Hoje, duas décadas depois, reconheço o nobre objetivo daquela professora. Ao fazer a tal pesquisa, vi-me folheando de cima a baixo todas as páginas dos cadernos de política e economia dos jornais. Sem perceber, criei interesse por aquela leitura, pois as notícias associavam o nome de cada ministro a seu partido, a suas realizações e também a suas falcatruas. Essa tarefa e tantas outras fizeram de mim um cidadão interessado em matérias de política e economia.

Obviamente, nem sempre precisamos de um empurrão como esse para nos interessar por determinado assunto. Quem devora de ponta a ponta o caderno de esportes dos jornais certamente não foi incentivado por seus professores de Educação Física. Mas é fato que falta algum estímulo para as pessoas lerem mais sobre dinheiro e riquezas.

Faça uma experiência simples. Procure um canto em que várias pessoas se reúnam para ler jornais, como uma praça ou a beira da piscina em um clube. Perceba como:

- homens lêem primeiro o caderno de esportes ou de automóveis;
- mulheres lêem primeiro o caderno de variedades ou de cultura;
- ambos lêem atentamente notícias sobre sua cidade;
- ambos ao menos fazem cara de indignação ao folhear o caderno de política;
- normalmente os cadernos de classificados e de investimentos ou negócios são deixados de lado.

Já fiz essa experiência algumas vezes. Os cadernos sobre dinheiro, investimentos ou negócios tendem a ser aqueles com menor número de páginas, e mesmo assim a maioria dos leitores os ignora. No fundo, não fomos preparados para ler sobre tais assuntos. As manchetes daqueles cadernos não nos provocam, não mexem com a maioria das pessoas. "Veja como pagar menos Imposto de Renda." "Escolha o melhor fundo de investimentos para você." "Especialistas sugerem alternativas de investimentos para o próximo ano." Bem menos instigante do que "deputado corrupto é absolvido por seus colegas", concorda? Mesmo que as primeiras manchetes possam ter impacto mais intenso e direto na vida de quem as lê do que a última.

O fato é que, ao menos indiretamente, o currículo escolar tem como objetivo preparar cidadãos para a vida. Ou ao menos deveria ter. Mas nosso arcaico currículo elaborado há décadas esqueceu-se de levar em consideração que o pobre trabalhador que cresceu numa economia também pobre precisa saber tanto sobre as armadilhas dos juros dos crediários quanto sobre os métodos para extrair as raízes de uma equação de terceiro grau.

É importante aprender na escola noções de Geografia, Química Orgânica, Literatura, Física, Gramática e Álgebra, entre outras. Mas seria muito importante também adquirir noções sobre o funcionamento de bancos, economia doméstica, orçamento e juros compostos. Afinal, todos os que concluírem a escola vão lidar, um dia, com esses elementos[1].

Ao adotarem práticas de ensino humanizadas, oferecerem atividades extracurriculares e incentivarem a socialização dos alunos, as escolas estão preparando-os ativamente para a vida. Mas a prática não é uniforme em todas elas. Por isso, os pais devem estar preparados para investir numa educação diferenciada. Se não for possível, devem estar preparados para adotar uma postura bastante ativa na educação de seus filhos.

Pais presentes na educação escolar

Os pais não podem se posicionar como coadjuvantes do aprendizado, tampouco como superprotetores irracionais de seus filhos. Seu papel é fundamental, em primeiro lugar, na escolha da instituição de ensino, que deve se aproximar o máximo possível do estilo de vida e dos valores da família. Além disso, eles devem acompanhar atentamente o conteúdo

1. Em meados de 2006, já estava em fase de estudo no MEC um projeto que visava incorporar a disciplina Economia Doméstica como parte do currículo de ensino básico.

ensinado e motivar os filhos a praticá-lo, em casa e nas atividades sociais. O papel da escola é fornecer uma estrutura de conhecimentos. Ajudar os filhos a aplicá-la à vida é papel dos pais, fazendo ligações do conteúdo aprendido com situações do dia-a-dia, da televisão e da família.

O que deve ser avaliado pelos pais é a capacidade da escola de oferecer tal estrutura de conhecimentos, seguindo os valores propostos por seu modelo de ensino. Ao contratar os serviços prestados por uma escola, você espera que esses serviços sejam bem executados, porém não existe escola perfeita. Cabe a você acompanhar a qualidade do serviço prestado, participando das reuniões e encontros de pais e, diante de algum problema ou questionamento, avaliar se o problema é significativo a ponto de motivar uma reclamação ou se pode ser tolerado. A mudança de escola deve ser cogitada somente em casos extremos, pois, muitas vezes, pode ser traumática para a criança. Evite questionar a qualidade do ensino ou criticar a escola diante de seus filhos, porque isso pode dificultar a adaptação deles ao grupo ou colocá-los contra os professores, o que só piorará a situação. A melhor forma de acompanhar a qualidade de ensino é participando com interesse do aprendizado de seus filhos.

Independentemente da didática adotada pela escola, o sucesso do modelo de ensino será nítido aos olhos dos pais se for possível constatar interesse das crianças em praticar os conhecimentos adquiridos. Obviamente, não se espera que uma criança saia pela casa recitando a tabuada. Mas sim que ela se interesse por um livro com ilustrações de animais que estudou na escola, ou apresente evolução na correção gramatical de sua escrita, ou demonstre interesse quando os pais mostram na televisão o que é um cerrado ou uma floresta tropical. Nas diversas atividades familiares que incluam algum tipo de disciplina financeira, o envolvimento das crianças será obtido se elas demonstrarem facilidade em acompanhar a matemática simples da economia doméstica.

Se a criança não demonstrar nenhuma evolução ou nenhum interesse pelo conteúdo já aprendido ou por alguma disciplina específica, é recomendável levar essa percepção ao conhecimento da coordenação da escola. Quanto antes os pais tomarem essa atitude, mais cedo constatarão alguma falha que pode ser corrigida no ensino, ou se o problema é com a criança e demanda o apoio de um especialista.

Algumas escolas já se mobilizam

No âmbito da educação financeira, já é comum encontrar instituições que valorizam a aplicabilidade do conteúdo ensinado e se utilizam de práticas de economia doméstica para reforçar principalmente conceitos de Matemática, Física, Química e Biologia. Por não fazerem parte do currículo escolar básico, as práticas de ensino variam muito de acordo com o modelo educacional adotado pela escola.

As mais comuns, nesse sentido, que tenho observado ao visitar diferentes escolas são:

- Orientações para que professores adotem exemplos práticos mais vivenciais nos exercícios e provas, destacando os benefícios do conhecimento na vida das pessoas. Em vez de problemas do tipo "você tinha 10 bolas, ganhou 3 e vendeu 6", são desenvolvidos problemas como "você tinha 6 reais antes de chegar à cantina da escola, comprou um salgado e sobraram 4 reais; quanto custou o salgado?"
- Estruturação dos laboratórios de Física, Química e Biologia para simular situações mais comuns no cotidiano das famílias.
- Visitas em grupo a shoppings e supermercados para praticar conceitos simples, como lista de compras, prioridades, preço *versus* valor, conferência de troco etc.

- Palestras de finanças pessoais para pais e professores, ministradas por especialistas.
- Palestras, debates e bate-papos com as crianças, estimulando-as a pesquisar nos jornais temas relativos a dinheiro e economia.
- Círculos de debates sobre finanças pessoais entre professores, incentivando o bom uso de recursos na família deles.
- Incentivos à utilização da mesada como ferramenta de ensino, com orientação em grupo para alunos e pais.
- Aulas extracurriculares de interpretação de texto aplicada, utilizando cartilhas de bancos como material didático.

Infelizmente, por ser ainda uma novidade até para muitos adultos, o assunto é divulgado praticamente apenas nas grandes capitais, sendo pouco acessível em escolas menores ou periféricas. Isso aumenta a responsabilidade dos pais em participar com mais afinco desse processo, pelo bem do futuro de seus filhos.

Escolas interessadas em adotar a educação financeira como parte de seu currículo podem estimular os pais a contribuir para a formação de cartilhas. Esse tipo de conhecimento vem se disseminando de forma tão intensa que dificilmente faltarão voluntários.

O professor é o ponto de partida

Um canal importante a desenvolver para a boa formação financeira de nossos filhos é a divulgação desse tipo de conhecimento entre os professores. É improvável que os alunos recebam orientação adequada sobre o bom uso do dinheiro se seus professores não forem capazes de administrar as próprias finanças. Ainda temos um longo caminho a percorrer, pois a grande maioria dos professores nem sequer ganha um salário administrável, o que os faz correr atrás de dois ou três turnos de serviço para garantir condições mínimas a sua família.

Uma coisa é certa: o professor não pode ser responsabilizado pela ausência de práticas saudáveis nas aulas. Além de não ser orientado e motivado para isso, ele, como todo brasileiro adulto, não recebeu esse tipo de informação em sua infância. Se possui algum interesse por finanças, seus conhecimentos na área são recentes e sua insegurança ao utilizá-los é provavelmente grande.

As mudanças que se fazem necessárias não são complexas, mas exigem doses enormes de boa vontade por parte de pais, professores e orientadores, pelo menos enquanto o tema não for cobrado em vestibulares ou as escolas não forem cobradas por sua aplicação.

Mesmo as escolas públicas têm condições de ajudar seus professores a evitar problemas financeiros, se dedicarem a esses profissionais alguma atenção e respeito. Muitas empresas preocupam-se em oferecer, como parte do pacote de benefícios a seus funcionários, orientações sobre economia doméstica e o bom uso do salário recebido. É uma questão de responsabilidade social, pois, ao assumirem tal papel, essas empresas asseguram que a riqueza por elas produzida seja multiplicada na sociedade. Se os professores, como colaboradores de uma instituição de ensino, forem orientados a cuidar bem de seu dinheiro, indiretamente as escolas estarão criando as condições necessárias para a adequada comunicação sobre dinheiro entre professores e alunos. Em suma: um caminho inteligente para que nossos filhos aprendam a construir riqueza é fazer com que seus mestres saibam construí-la também.

3

Capítulo

Como criança aprende

Procure sempre lembrar que uma criança ou um adolescente não são adultos e, portanto, não pensam como adultos. Assim como seu corpo, também sua personalidade, suas idéias e seu raciocínio estão em contínua transformação. As diversas correntes da psicologia explicam que, a cada fase da vida da criança, os diferentes estímulos são interpretados de maneiras diferentes. As fontes de inspiração são diferentes para cada idade.

Os pais devem ter consciência da importância de cada fonte de inspiração e explorar ao máximo as ferramentas disponíveis para fazer do aprendizado um processo natural, agradável para quem ensina e para quem aprende. Em outras palavras, a receita para o aprendizado não será a mesma durante todo o processo de desenvolvimento de seus filhos. Você não poderá reclamar da rotina, uma vez que a rotina jamais funcionará para a educação de uma criança.

Crianças são muito influenciadas pelo comportamento dos adultos e também aprendem facilmente a conviver com regras, desde que estas valham para todos. Por outro lado, elas não gostam que lhes tirem a liberdade nem que as obriguem a agir de modo diferente de como se comportam outras crianças, muito menos que lhes sejam impostas regras injustas. São referências simples que devem ser respeitadas no processo de educação.

Idade da criança	Principais características comportamentais	Papel dos pais
De 0 a 2 anos de idade	Os desejos não estão associados ao dinheiro, mas o interesse pelas atitudes dos pais é intenso e crescente.	Dar o exemplo através de suas atitudes, que serão certamente copiadas pelos filhos.
De 3 a 4 anos de idade	A realização de desejos é associada ao ato de comprar, que depende essencialmente da vontade e do dinheiro dos pais.	Evitar banalizar o consumo e estabelecer regras para o dinheiro, como limites orçamentários e datas para celebrações e presentes.
De 5 a 6 anos de idade	Percepção de que é possível interagir com estranhos sem a intervenção de adultos.	Cultivar a independência, permitir aos filhos que interajam com vendedores, manipulem dinheiro em compras pequenas.
De 7 a 10 anos de idade	Percepção de papéis sociais e quantificação de valores, com o aprendizado da matemática.	Conversar sobre dinheiro, trabalho, sustento da família, objetivos dos estudos e escolha da profissão.
De 11 a 14 anos de idade	Percepção das responsabilidades e primeiros conflitos típicos da adolescência.	Cultivar a liberdade, com a prática da mesada ou da oferta de recursos de uso livre pelos filhos. Incluir os filhos nas tarefas de organização financeira familiar.
Acima de 15 anos de idade	Necessidade de assumir papéis típicos dos adultos.	Conversar sobre temas relacionados a administração pessoal, uso de bancos, incentivos maiores à formação de poupança e desejos *versus* investimentos necessários.

Por outro lado, adolescentes tendem a se contrapor aos exemplos dos adultos, por uma necessidade típica de seu desenvolvimento: eles simplesmente querem romper com qualquer referência ao mundo infantil, sair do casulo. Em função disso, referências justas e regras que parecem funcionar com crianças deixam de funcionar com adolescentes. A postura dos adultos em relação a filhos diferentes deve ser diferente, mais madura, e por isso dediquei um capítulo especificamente a essa fase.

"Não tem dinheiro? Então dá cheque!"

Se você já ouviu de seus filhos a frase acima, é porque o processo de educação financeira deles começou atrasado. Talvez você esteja deixando de aproveitar ricas oportunidades de aprendizado. O mau comportamento financeiro das crianças é reflexo de comportamentos falhos dos adultos ou, na melhor das hipóteses, de interpretações errôneas dos atos dos adultos pelos filhos.

Quando pequenas, as crianças querem ser como os adultos são. Por isso, mantêm-se extremamente atentas ao comportamento dos mais velhos, principalmente de seus pais. Repare o interesse das crianças quando os pais interagem com vendedores, garçons, prestadores de serviços ou durante uma situação de compra qualquer. Perceba como seu grau de atenção aumenta nos momentos em que há alguma negociação ou pagamento envolvido.

Para uma criança, qualquer situação de compra é uma grande realização, um importante evento. É o momento sagrado em que o adulto faz valer suas posses ou seu poder de compra e interage com o mundo, adquirindo maior bem-estar para si ou, de preferência, para a criança que o acompanha.

Por ser um momento de tamanha importância para o pequeno, é uma boa oportunidade de oferecer ensinamentos. Afinal, os sentidos da criança estão aguçados, e fazê-la participar da situação é para ela um verdadeiro privilégio. Peça a ela que entregue o dinheiro, o cheque ou o cartão ao vendedor, o que a fará sentir-se responsável quanto ao uso do dinheiro da família e a ajudará a desenvolver maior desenvoltura para negociações. Aproveite para explicar como funciona o cheque ou o cartão.

"Você sabe por que estamos pagando com cartão? É porque o dinheiro que eu recebi pelo meu trabalho do mês está guardado no banco e não aqui na carteira. No momento em que o vendedor passa o cartão na máquina, o dinheiro sai de nossa conta para a conta do dono da loja. Não podemos abusar, pois já planejamos usar o dinheiro para pagar as outras contas, como sua escola, o supermercado, nossa viagem..."

As crianças querem entender como o mundo funciona. Hoje em dia, elas sabem muito bem o que é uma transferência de dados por redes de comunicação. Não terão dificuldade em compreender uma transação eletrônica de pagamento. Será um erro desperdiçar tal oportunidade e criar a ilusão, comum entre crianças, de que se usam cartões e cheques em situações em que "não temos dinheiro". Muitas crianças cultivam durante anos a idéia de que limites de crédito fabricam dinheiro quando precisamos. Incrivelmente, muitos adultos continuam com a mesma idéia vida afora.

O mesmo vale para situações de organização financeira da família. Um hábito recomendável a todas as famílias – mas não praticado por muitas – é conversar em casa sobre dinheiro. Em meu livro *Casais Inteligentes Enriquecem Juntos*, proponho uma conversa aberta entre homem e mulher, respeitando a forma de pensar e os sonhos de cada parte. Numa família com filhos, todos deveriam envolver-se.

Ao final de uma palestra que ministrei recentemente, uma das participantes pediu meu autógrafo no livro de uma amiga, que estava muito ressentida por não poder participar do evento. Fiquei admirado ao saber do motivo. Segundo ela, sua amiga estava ausente porque a data da palestra coincidira com sua reunião familiar anual para discutir as finanças, um encontro em que planos do passado eram discutidos em família e novos planos eram feitos para o futuro. A amiga estava em minha palestra justamente para aprender a fazer o mesmo em seu lar. Uma atitude extraordinária, além de ser mais um exemplo de que falar sobre riqueza – no caso, entre amigas – ajuda a enriquecer as pessoas próximas.

Conversas sobre dinheiro devem ser freqüentes, cotidianas e com a participação de todos. Se vamos à feira, quanto podemos gastar? Se queremos presentear alguém, qual é a verba para o presente? Se queremos viajar juntos, quanto podemos guardar por mês? Dinheiro deve fazer parte do cotidiano da criança, para que não sejam criados bloqueios capazes de dificultar seu uso na vida adulta.

Proponho que os pais ou futuros pais adotem uma espécie de tradição: reservar certa data do mês para falar sobre dinheiro. Se o casal for tratar do orçamento total e, por isso, decidir que as crianças pequenas não devem participar, ainda assim é fundamental que elas tenham ciência de que seus pais estarão ocupados, conversando sobre as contas do lar. Que seja algo rotineiro, importante para todos. Não um sacrifício, mas simplesmente parte da rotina, como escovar os dentes após as refeições – ninguém o faz por prazer, e sim porque é importante.

O comportamento do grupo

À medida que crescem rumo à fase adulta, crianças e adolescentes sentem mais necessidade de ser aceitos pelo grupo social do qual querem fazer parte. Essa necessidade é um dos principais motivadores do primeiro copo de cerveja, do primeiro cigarro ou do primeiro contato com qualquer outro tipo de droga. Mas também é ela que motiva meros participantes de uma banda ou de um grêmio escolar a tornarem-se músicos de sucesso ou líderes políticos.

Fazer parte de um grupo não é ruim. É uma forma de o adolescente proteger-se das incertezas que rondam seus pensamentos. Agindo em nome de um grupo, de uma tribo, de uma gangue ou de um clube, o jovem vence barreiras que não superaria se estivesse sozinho. E essa não é uma característica apenas dos jovens. A única diferença é que, na juventude, a necessidade de pertencer a um grupo é mais intensa.

Adultos com medo de tomar decisões erradas na hora de comprar ações reúnem-se em clubes de investimento. Empresários tementes aos abusos do sistema reúnem-se em associações. Trabalhadores tementes aos abusos dos empresários reúnem-se em sindicatos. Pais preocupados com a qualidade do ensino e com a segurança nas escolas reúnem-se em grupos de pais e amigos.

O erro a ser evitado ao conduzir qualquer tipo de orientação ou ensinamento sobre as finanças pessoais de um jovem é excluí-lo das práticas de seu grupo. Se uma criança diz que gostaria de receber mesada, essa pode ser uma opção pessoal. Mas, se ela insiste incansavelmente que precisa receber uma mesada, provavelmente a escolha não é sua, e sim do grupo de colegas da escola. O mesmo vale para as opções de roupas, de hábitos de lazer, de alimentação ou de presentes. Crianças e adolescentes têm suas modas e manias, e cabe aos pais identificar a melhor forma de negociar a realização de sonhos.

Dificilmente uma criança aceitará um controle de sua mesada se os pais de seus colegas não o praticarem também. Certamente não aceitará receber muito menos presentes do que seus melhores amigos. O padrão de vestuário que os pais dos colegas lhes proporcionam será cobrado por seus filhos também. Esses "adendos orçamentários" devem ser seriamente levados em consideração na hora de selecionar a escola dos filhos ou os cursos que eles freqüentarão. Se a criança sentir-se socialmente abaixo da média do grupo, terá forte tendência a querer deixar o grupo ou, pior, a atividade que o grupo freqüenta.

Por isso, compete aos pais envolver-se mais com as atividades dos filhos, participar das reuniões de pais, trocar idéias e experiências com pais e professores. Propostas e critérios sobre mesadas, modas e presentes funcionarão melhor se forem uniformizadas para todas as crianças do grupo. A mesma prática é saudável para definir também limites de tempo e horário de exposição à televisão, regras para o uso de videogames e internet e horários para estudos. A sociedade desenvolve-se baseada em regras.

Em minha própria vida, tive uma experiência interessante que moldou não só meu caráter como também o de muitos colegas com os quais convivo até hoje. Aos 12 anos de idade, início da adolescência, entrei para a equipe de natação de um típico clube de bairro de classe média da capital paulista. Dos 12 aos 21 anos, a natação determinou meu ritmo de vida. Treinava por dia tantas horas quanto estudava. Mais do que benefícios à saúde, com o tempo descobri que o esporte trazia também benefícios à formação do caráter dos atletas. Nossos técnicos exerciam um verdadeiro papel de pais sobressalentes. Éramos proibidos de fumar, de beber álcool e refrigerantes, de abusar de doces e de dormir tarde. Também éramos proibidos de jogar futebol, mas isso poucos respeitavam – e os técnicos fingiam que não sabiam. Mas, naquela equipe, não só todos os atletas recebiam as mesmas orientações dos técnicos como os pais também eram convidados a participar de reuniões bimestrais com a diretoria do clube e a equipe técnica. Quando me tornei representante dos atletas, aos 18 anos, e passei a freqüentar as reuniões com pais, descobri que o assunto delas ia muito além do papo sobre alimentação e treinos. Tratavam de educação e desempenho escolar, sexualidade, mesadas, namoros (que também eram proibidos no grupo) e da participação dos pais no sacrifício de acordar cedo até mesmo nos fins de semana. Mais de uma década depois de minha aposentadoria como atleta, ainda a maioria de meus melhores amigos é de ex-nadadores e pais desses ex-nadadores. O espírito de grupo mantém-se até hoje.

O rigor das regras e da justiça

Se regras existem, são para o bem da maioria e devem ser respeitadas. Caso contrário, não haveria motivo para impô-las. O aparente lugar-comum dessa afirmação justifica-se pelo fato de um jovem crescer hoje, no Brasil, com inúmeras referências exatamente opostas a tal idéia.

Nossos filhos aprenderão que algumas leis não pegam. Que o Poder Legislativo legisla para si e não para quem o elege. Que o direito essencial da propriedade nem sempre será respeitado. Que os piores bandidos não estarão presos, a menos que não tenham dinheiro para contratar um bom advogado. Que direitos humanos devem ser garantidos principalmente para quem os viola. E que gente de bem que tem seus direitos violados tem de aprender a conviver com isso.

Com tantas referências ruins, temos de assumir a responsabilidade de garantir, ao menos em nosso lar e nos lares das famílias com as quais nos relacionamos, uma noção de justiça importante para a formação do caráter de nossos filhos. Crianças que crescem numa sociedade sem regras acreditarão que serão alguém na vida somente se burlarem o sistema ou se derem uma grande tacada de sorte.

Uma importante contribuição a oferecer para o futuro de seus filhos e da sociedade é evitar uma postura resignada diante dos fatos. Demonstre, sempre que possível, sua indignação. Explique a seus filhos o papel esperado dos políticos por aqueles que os elegem e incentive desde cedo a discussão sobre os porquês da corrupção. Valorize as regras e normas, glorifique as punições exemplares.

Regras devem ser objetivas e sem nuances de intensidade. Roubar um fósforo é tão grave quanto roubar um carro. Gastar um pouco além do previsto é tão grave quanto arrebentar o planejamento. Para ganhar um presentinho deve haver um motivo claro, um evento, para que as celebrações não sejam banalizadas.

Seja justo. Regras devem ser universais. Se são impostas aos jovens, devem valer para os adultos. Se você fuma, nunca convencerá seu filho de que esse hábito pode matá-lo. Se você não consegue se organizar com suas contas, dificilmente verá seus filhos gastar a mesada com disciplina. Se, com as contas no vermelho, você pedir que seus filhos economizem energia elétrica e não fizer também sua parte, ficará desacreditado em relação a essa e a outras regras.

Crianças são seres humanos ainda sem maldade, puros e com uma interpretação muito clara do que é justiça. Elas não entendem quando, ao burlar uma regra, você se justifica com "...é só desta vez..." A regra foi quebrada e ponto. O infrator não será punido, e a longa reflexão que elas fazem sobre isso as incomoda bastante.

Por isso, esteja pronto não somente para impor regras a seus filhos, mas para se adaptar a elas também. Uma forma de convencê-los a, por exemplo, organizar os gastos da mesada é exigindo que eles façam como todos os adultos deveriam fazer. Mantenha o seu controle de gastos em dia. Crie a tradição de fazer isso com dia e hora marcada – por exemplo, todo primeiro sábado à tarde do mês – e inclua seus filhos nessa tradição. Enquanto os pais organizam suas contas, os filhos preparam um controle da mesada. Para alegria deles, terminarão bem antes dos adultos.

Liberdade é um patrimônio infantil

Nos capítulos seguintes, proponho alguns princípios e atitudes que devem ser adotados pelos pais para pavimentar um caminho à educação financeira de crianças e adolescentes . Não pretendo criar a ilusão de que sua adoção será suficiente para fazer de seus filhos especialistas em construção de riqueza. Outros fatores externos serão importantes, como exemplifiquei neste capítulo. Mas ter uma boa estrada pela frente é um passo importante para você chegar ao fim de sua viagem, e é este o meu objetivo. Mostrar um bom caminho. A condução através dele é responsabilidade de cada pai e de cada mãe. Assim como existem normas de trânsito para motoristas, existem práticas recomendadas de educação dos filhos que não podem ser abandonadas.

O papel dos pais é auxiliar seus filhos a dar os primeiros passos na estrada da vida. Que esteja bastante claro: auxiliá-los, e não conduzi-los. Ensinar a pescar, em vez de dar o peixe. Ensiná-los a ganhar dinheiro, em vez de passar a vida poupando apenas para deixar uma boa herança.

Um erro grave que muitos pais cometem é acreditar que seus filhos estão totalmente despreparados para sofrer ou para errar. Acabam proibindo mais do que deveriam, isolando-os do mundo e dos pequenos problemas cotidianos. O melhor que conseguirão com esse tipo de postura é criar adultos despreparados para a luta, para o desafio, para a competitividade.

Sou do tempo em que pais pegavam suas crianças brincando com minhocas na terra do jardim – às vezes até devorando-as. Quando criança, quase todos os dias eu tinha um novo ferimento para minha mãe tratar. Ao longo dos anos, vi pais impedindo seus filhos de correr para não se machucarem; esses pais formaram adultos com pernas frágeis. Vi pais brigando com filhos que queriam brincar na chuva ou andar de bicicleta num dia frio; formaram adultos mais suscetíveis a gripes e problemas de saúde. Vi pais proibindo filhos de ficar na rua com seus amigos; formaram adultos anti-sociais.

O maior bem que uma criança possui é sua liberdade. Liberdade para brincar, para fazer amigos, para ser criança. Tolher a liberdade não protegerá seus filhos de um mundo perigoso, apenas os iludirá, criando na mente deles uma falsa imagem de um mundo que não existe, como no filme

O Show de Truman[1]. O resultado será o oposto do esperado: seus filhos estarão completamente despreparados para viver o mundo real, aquele que você lhes escondeu durante tantos anos.

Por isso, defendo insistentemente a liberdade. Não confunda liberdade com falta de regras. A melhor liberdade é aquela que respeita as boas regras de convívio. Em vez de proibir que seus filhos brinquem na chuva ou sob frio intenso, por exemplo, permita que o façam por até meia hora, desde que entrem no banho em seguida. Veja a seguir três exemplos, relacionados à vida financeira, do que chamo de liberdade sob regras.

"Mãe, quero receber mesada, já que todos os meus amigos também recebem." A atitude de muitos pais diante desse requerimento é esclarecer que a mesada é desnecessária, basta pedir dinheiro quando precisar, que os pais darão com carinho. O erro aqui é interpretar que os filhos estão pedindo dinheiro. Não estão. Os filhos, ao pedir mesada, estão pedindo na verdade a liberdade de decidir como usar uma verba pessoal. O filho que pede mesada quer independência. Quando pais preocupados a negam, com o intuito de ajudar o jovem a selecionar melhor seus gastos, estão lhe tirando uma demandada liberdade. Nesse caso, a liberdade com regras poderia vir na forma de uma mesada negociada, com prestação de contas na hora de receber e com o compromisso de assumir o pagamento de algumas contas até então pagas pelos pais, como a conta do celular.

"Pai, eu gostaria de participar da excursão que a escola fará na semana do Dia da Criança!" Se a verba estiver curta, não adianta propor um passeio alternativo em família. A criança não quer passear. Quer a liberdade de estar com os colegas de classe num ambiente que não seja de estudos, dormir fora de casa, descobrir coisas novas juntamente com toda a turma. Um evento como esse é, na idade escolar, o evento do ano! É uma típica situação para

---

1. Do original *Truman Show*, protagonizado por Jim Carrey, em que o personagem nasce e cresce, sem saber, num ambiente criado artificialmente para um *reality show* da televisão.

reunir a família, conversar sobre as prioridades do ano e sobre as limitações no orçamento, e propor que cada um faça sua parte para realizar um sonho de curto prazo. Para viabilizar a excursão, a criança abriria mão de roupas novas durante alguns meses? Aceitaria a viagem como presente de Dia das Crianças? Colaboraria no corte de alguns gastos? E como cada adulto faria sua parte no corte de gastos? Essa união familiar em torno do problema certamente criará as condições necessárias para ajustar o orçamento à demanda da criança.

Notícia trágica a um filho na era da conectividade: "Filho, a conta de luz está aumentando muito e, por isso, você não poderá ligar mais o computador após a escola". Ou então: "Ou você pára de enviar mensagens aos amigos, ou seremos obrigados a tirar o celular de você!" Que tal propor ao filho um limite de tempo para usar o computador, ou uma verba máxima para o celular? Os telefones pré-pagos simplificam essa tarefa. Ou, melhor ainda, por que não perguntar a ele qual o valor que ele acha razoável gastar com celular? Certamente, ele será comedido na hora de quantificar seu razoável. Proponha então um aumento de mesada, passando para ele a verba e a responsabilidade pelo pagamento do serviço.

Não são atitudes radicais. São atitudes maduras, como as que os jovens gostariam de ter, e justas, como eles esperam. Não lhes tiram a liberdade, e sim a concedem sob regras.

4

Capítulo

Sete princípios fundamentais na educação financeira

A mente de uma criança desenvolve-se de maneira complexa, absorvendo diariamente milhões de estímulos externos. Os estímulos mais eficientes comporão, no futuro, referências e lembranças de medos, motivações, traumas e ensinamentos que formarão o raciocínio adulto em seus aspectos racionais e emocionais. É simplesmente impossível controlar e filtrar todos os estímulos que seus filhos receberão ao longo da vida. Em outras palavras, cedo ou tarde, direta ou indiretamente, eles vão descobrir o mundo. E, quanto mais cedo e naturalmente conviverem com as dificuldades da sobrevivência humana, mais preparados estarão para competir por essa sobrevivência.

Da mesma forma, o processo educacional em si é complexo e abrangente, exigindo dos pais contínuo aprimoramento, dedicação e muita informação. Pais de primeira viagem surpreendem-se com a quantidade e a importância de conselhos de avós, tios, professores, médicos e pedagogos. Se não souberem filtrar os milhões de dicas recebidas e optar por um caminho, ficarão malucos.

Não quero ser mais um a palpitar. Por mais elementos que eu procure trazer como contribuição neste livro, reconheço que a coerência na linha de formação adotada pelos pais é mais importante do que os conhecimentos em si. Por isso, optei por enfatizar primeiro os princípios que os pais devem procurar incluir nos ensinamentos cotidianos, para depois sugerir, a título de exemplo, ferramentas e técnicas de aprendizado.

O aprendizado se faz com conhecimentos, habilidades e atitudes. Oferecer conhecimentos sem praticá-los (habilidades) não leva a lugar nenhum. Praticar sem ressaltar sua relevância (atitude) empobrece o aprendizado. Da mesma forma, a prática sem conhecimento induz a erros, propiciando a criação de barreiras contra as lições aprendidas. Por isso, ao assumir a missão de educar seus filhos para a vida financeira, você não deve deixar de refletir sobre sua competência para ensinar com conhecimentos, habilidades e atitudes. Neste capítulo, abordo os conhecimentos que você deve procurar incluir na rotina da família. Nos dois capítulos seguintes, abordarei, respectivamente, as atitudes e habilidades que facilitarão seu trabalho.

Os sete princípios apresentados a seguir baseiam-se em conhecimentos essenciais que todo ser humano que lida com dinheiro deveria possuir. Se não os possui ou se não lida bem com tais princípios, provavelmente é porque os valores neles contidos não foram suficientemente enraizados ao longo da formação do indivíduo.

No convívio com seus filhos, procure introduzir esses sete princípios de maneira natural. De tempos em tempos, verifique se você não está se esquecendo de reforçar ou enfatizar um ou outro princípio, ou se não está dando atenção demais a apenas um deles. Os exemplos mostram uma preocupação em fazer da inserção deles na vida das crianças algo natural, não impositivo.

Princípio 1: VALORIZAR

Nem todo valor tem seu preço

Ao passear com seus filhos pelas ruas, você encontrará inúmeras oportunidades de mostrar a eles que nem sempre trabalhar mais significa ganhar mais. Explique que o porteiro do prédio, o frentista do posto e o taxista, entre outros, precisam trabalhar muito ou ter mais de um emprego para conseguir manter uma vida ainda humilde. Converse sobre o valor que a oportunidade de estudar agrega às horas de trabalho daqueles que ganham mais.

Nas compras, é possível desenvolver um raciocínio semelhante. Preço alto não significa maior valor. É muito comum que as pessoas confundam preço com valor. O namorado que dá um caro buquê de três dúzias de rosas muitas vezes o faz porque não deu o devido valor ao relacionamento ou a uma data importante. Ao deixar o presente para a última hora, apela para presentes de elevado preço. Por outro lado, há aqueles que dedicam semanas a pintar uma obra ou a escrever um texto para a pessoa que amam. Apesar do pequeno gasto, a pessoa amada reconhece o valor do presente pela intensa dedicação. Não é porque o presente foi barato que ele vale menos.

As coisas mais importantes ou mais valiosas da vida de qualquer ser humano não custam nada, são acessíveis a qualquer pessoa. Mas pais que não têm tempo para dar carinho, amor, atenção ou uma palavra amiga a seus filhos acreditam que podem substituir essas riquezas comprando presentes, pagando babás, investindo em cursos e esportes que ocupem o tempo das crianças. Essas são necessidades que complementam o papel dos pais, mas não o substituem.

Nossa sociedade sedenta por dinheiro está erroneamente ensinando aos jovens que o consumo e o "poder pagar" são prioritários em relação aos valores familiares e sociais. Valores que todos conhecem, pregados por qualquer religião, e que são a base para o bom convívio em sociedade. Família, amigos, momentos de lazer e desfrute são deixados em segundo plano, enquanto dedicamos tempo ao trabalho, às horas extras, à *happy hour* com colegas de trabalho, aos eventos de *networking*.

Nossas crianças crescem acreditando que terão de trabalhar muito, como seus pais, para recompensar suas famílias com luxos. Para romper com essa crença destruidora de lares felizes, é seu papel de pai ou mãe adotar uma postura menos consumista e mais valorizadora de momentos e sentimentos, não de coisas. Talvez seus filhos até venham a trabalhar muito quando adultos, aproveitando as oportunidades e o resultado de seus estudos, mas não crescerão com esse materialismo enraizado em sua consciência.

Valorize momentos em família, viva-os com intensidade. Em vez de simplesmente conduzir seus filhos ao parque, acorde-os comemorando o grande dia de sair de casa em família. Faça do Dia das Crianças um dia divertido e especial, e não simplesmente um dia de ganhar presentes. "Está chegando o seu dia" é bem diferente de "está chegando o dia de ganhar sua bicicleta". O mesmo vale para o aniversário e para as datas em que as famílias se reúnem para trocar presentes em sua religião. Não é uma atitude simples, pois requer planejamento antecipado e uma boa dose de motivação. Mas o objetivo é nobre, e você perceberá os efeitos rapidamente.

Você se lembra de coisas boas que seu pai ou sua mãe lhe diziam na infância? Os grandes ensinamentos que você recorda nos dias de hoje nem sempre eram recebidos, em sua infância, com admiração ou reconhecimento de sabedoria.

Não se esqueça de compartilhar com seus filhos o prazer que você sente em tê-los a sua volta. Não se esqueça de dizer que os ama. Pode ser que eles digam o mesmo sem que lhe pareça sincero, mas sua atitude ficará gravada na mente deles. Expresse e fale o que você sente, pois muitos adultos ressentem-se de não ter ouvido de seus pais um "eu te amo".

Princípio 2: CELEBRAR

Celebrações quebram a rotina

Você já viu alguma criança esperneando na porta de uma loja porque não ganhou um presente? Boca escancarada, gritos arrepiantes, lágrimas esguichando dos olhos... A cena é tão deprimente que não conseguimos nem sentir dó do sofrimento do pequeno. Seu psicólogo favorito será capaz de lhe explicar bem tal atitude. Mas, em resumo, o fato é que, independentemente da intensidade da reação, a criança está magoada porque esperava ganhar um presente. O problema não está na expectativa da criança, mas no infeliz adulto que a fez acreditar que ganharia um presente naquela situação.

Pais e mães presenteiam seus filhos mais do que deveriam. Mais até do que estes esperam. A enorme expectativa das crianças por presentes a cada ida ao shopping, a cada viagem e a cada fim de semana surge quando elas ainda são pequenas. Quando ainda não esperam nada além do carinho e do tempo para matar a saudade dos pais, e o que recebem é um presente. Adultos consumistas formam filhos consumistas.

O erro está em presentear antes de surgir a demanda ou a necessidade da criança. Dia destes estávamos eu e minha esposa maltratando o estômago numa lanchonete *fast-food* quando reparamos num casal que molhava a chupeta de sua filha no copo de refrigerante e punha pequenos pedacinhos de batata frita na boca da nenê. A criança nem tinha dentes, o que nos levava a crer que sua alimentação ainda era à base do saudável leite materno. O que os pais pretendiam? Dar algum prazer a mais à criança? Será que esse prazer não seria maior se fizessem isso no dia em que a criança dissesse que estava louca para conhecer a lanchonete da moda?

No corrido mundo moderno, repleto de armadilhas de consumo, acreditamos que temos de fazer de cada dia uma celebração. Ótimo! Parabéns àqueles que, por seu grande sucesso profissional, podem torrar dinheiro em eventos e restaurantes quase todos os dias. Mas é uma estupidez quando essa sede de curtir a vida forma rombos na conta bancária ou negligencia a importância de formar reservas financeiras para o futuro.

A celebração é importante, mas respeitar o orçamento também, ou até mais. Você adoraria comprar todos os mimos e presentes que sua criança pede. Mas essa atitude, além de ameaçar sua conta-corrente, provavelmente ajudaria a construir um adulto compulsivo por consumo.

Presenteie seus filhos somente quando houver motivo. Uma data festiva, uma lembrança marcante de viagem, o início das férias, um presente pelo desempenho muito acima da média na escola. Jamais faça do preço do presente algo mais importante que seu simbolismo. O presente não pode ser mais marcante que a data. Se a criança pedir um brinquedo fora de época, prometa lhe dar o tão desejado mimo na próxima data festiva, mas somente se o presente for compatível com o orçamento da família. Não faça promessas que não possa cumprir. Crianças jamais esquecem promessas feitas por adultos, e magoam-se se elas não são honradas. Ao cumprir sua promessa, não se esqueça de celebrar a conquista e de parabenizar a criança pelo esforço em esperar pacientemente seu sonho se realizar.

Princípio 3: ORÇAR

Seu limite é o que você tem

Para matar a sede, você precisa de água. Para matar a fome, de comida. Para não passar frio, de roupas. Se não tiver água, nem comida, nem roupas, você sabe que passará sede, fome e frio. Da mesma forma, para consumir, você precisa de dinheiro. Se não tiver dinheiro, não tem como consumir. Aliás, não tem nem como comprar água, comida e roupas. Parece óbvio.

Quando as crianças começam a entender o mundo do dinheiro, acreditam que é preciso trabalhar muito para juntar muito dinheiro, e então comprar tanto coisas de pequeno valor quanto coisas caras. Óbvio e simples, na visão infantil. Com o tempo, essas crianças vão amadurecendo e aprendendo com seus pais que não é preciso ter dinheiro para comprar o que se quer. Basta conseguir pagar a prestação! É quando descobrem o significado do financiamento e do empréstimo.

Nessa visão ingênua, o próximo passo é descobrir o significado da dívida. É quando se frustra a esperada estabilidade nos rendimentos ou nos gastos familiares e, em conseqüência de algum imprevisto, a família não consegue pagar os compromissos que assumiu para o mês. De quem é a culpa quando a família entra no vermelho? Do patrão que demitiu o funcionário que já não produzia tão bem, provavelmente por estar com a cabeça preocupada com as dívidas? Da criança que adoeceu, obrigando a família a arcar inesperadamente com os remédios? Da má sinalização de trânsito, que provocou o acidente?

Errado. Não entramos no vermelho por causa dos incidentes. Simplesmente porque incidentes acontecem e acontecerão na vida de todos nós. O erro está em acreditar que eles *não* acontecerão, deixando de lhes destinar a devida reserva orçamentária.

É muito simples fazer uma criança entender que a família só pode gastar o dinheiro que tem. Ela sabe disso. Nós, adultos, é que fazemos ela acreditar no contrário, quando ela percebe que todos na família estão endividados e que isso é algo normal. Ou então quando ela percebe que, se os pais não têm dinheiro, basta usar o cartão de crédito ou o cheque, verdadeiras "fábricas de dinheiro" na mente ingênua das crianças.

Pais sentem dificuldade em ajudar as crianças a controlar o dinheiro porque eles próprios não têm o hábito de controlar adequadamente suas finanças. Mencionei esse problema no capítulo anterior, ao tratar do comportamento dos adultos. Se os pais cultivassem a regularidade do controle e deixassem isso claro para as crianças, elas cresceriam cientes da essencialidade dessa rotina. Talvez chata no começo, como é para crianças e adultos, mas que com o tempo passa a ser simplesmente uma rotina responsável, como escovar os dentes.

Controlar as contas é o primeiro passo. O segundo é conhecer os limites. A elaboração de um orçamento, que parece algo complexo à primeira vista para um adulto, será algo natural na vida de uma criança se seus pais ajudarem-na a separar verbas para cada objetivo. As primeiras mesadas são para comprar, normalmente, lanches, doces e figurinhas ou bijuterias. Conscientize seus filhos de quanto estão recebendo e quanto será gasto com cada item. Se perceber que a criança tem dificuldade com esse tipo de organização, lance mão da técnica dos envelopes, como explico adiante no capítulo 6.

Fuja dos financiamentos o quanto possível, e oriente seus filhos a fazer o mesmo. O crédito nunca foi tão abundante e disponível no Brasil, mas sua oferta cresceu tão rapidamente que as pessoas se esqueceram de refletir sobre ele. Entenda que crédito é para quem *precisa* adquirir algo, e não para quem *quer* adquirir. Em razão da necessidade, topamos pagar juros ao banco. Não havendo real necessidade, para que fazê-lo? Seu dinheiro está sobrando tanto, a ponto de fazer caridade aos bancos?

Uma prática saudável: toda vez que encontrar um cartaz, um folheto, um comercial de televisão ou uma publicidade na internet ofertando algum produto em, por exemplo, doze prestações de certo valor, não perca a chance de entregar uma calculadora à criança mais próxima e pedir que ela calcule o valor total do item vendido. Enfatize sempre o preço total da compra, compare com outras ofertas e esqueça o valor das prestações.

Princípio 4: INVESTIR

Juros recompensam poupadores

Quem não tem dinheiro para comprar uma casa aluga de quem teve dinheiro para comprar duas. Quem não tem dinheiro para comprar um carro aluga transporte – isto é, paga pelo serviço prestado – de quem teve dinheiro para comprar um táxi ou uma frota de ônibus. Qualquer criança entende essa idéia.

Seguindo o mesmo raciocínio, os bancos criaram há muito tempo uma solução para aqueles que não têm dinheiro comprarem qualquer coisa que custe dinheiro. Em vez de alugarmos um apartamento, podemos alugar do banco o dinheiro para comprá-lo, e ter o apartamento antes de conseguirmos criar condições financeiras suficientes para isso. A esse "aluguel de dinheiro" chamamos financiamento. Quanto mais tempo você precisar usar o dinheiro do banco, mais aluguel (isto é, mais juros) pagará.

A essência do processo de enriquecimento está em saber fazer seu patrimônio se multiplicar. Se você conseguir formar reservas de dinheiro, poderá emprestar esse dinheiro a quem possa fazê-lo trabalhar. Como recompensa, você receberá juros por emprestar recursos. Essa é a definição de uma aplicação financeira: como não estamos gastando dinheiro, podemos "alugá-lo" a quem quiser usá-lo – no caso, aos bancos.

Quando pais valorizam demais o emprego e se esquecem de valorizar os empreendimentos, estão formando adultos que serão, no futuro, escravos do dinheiro. Não temos tempo para os filhos porque não sabemos fazer o dinheiro trabalhar para nós. Acreditamos que a única forma de fazer riqueza é trabalhando, por isso optamos por trabalhar a vida toda para não ter de empobrecer em casa após a aposentadoria. Você não precisará fazer essa escolha se perceber a tempo que parte do dinheiro que ganha hoje pode ser posta para trabalhar e crescer em investimentos. No futuro, quando parar de trabalhar, terá suas reservas financeiras trabalhando para você enquanto curte sua aposentadoria.

Seus filhos devem entender que, enquanto trabalharem para uma empresa, estarão enriquecendo os donos e acionistas dessa empresa. Quem realmente enriquece é o investidor, aquele que soube poupar parte de sua riqueza para então montar uma empresa e organizar uma estrutura que pusesse pessoas para trabalhar para ele.

Seus filhos não devem ser preparados simplesmente para trabalhar a vida toda para alguém. O bom emprego não deve ser visto como o grande objetivo da vida adulta. Deve ser visto como uma etapa intermediária, em que um profissional é recompensado por dedicar-se ao enriquecimento dos outros. O grande objetivo deveria ser construir uma reserva financeira para, no dia em que deixar de trabalhar para os outros, a pessoa poder montar sua própria empresa e contratar outras pessoas para trabalharem para ela.

Enquanto trabalhamos para os outros, temos de encontrar uma forma de alguém trabalhar para nosso dinheiro. É aí que entram bancos, imobiliárias, leiloeiros e corretoras de valores. São empresas que trabalham para multiplicar o dinheiro das pessoas que estão muito ocupadas, intermediando investimentos e compras de bens a valores que podem gerar bons lucros em uma possível revenda.

Crianças que compreendem que o dinheiro poupado ou investido cresce sozinho sabem diferenciar duas situações bem distintas encontradas nos bancos:

Juros trabalham para nós, aumentando nossa riqueza, quando usamos os serviços de investimento dos bancos.

Nós trabalhamos para os juros, diminuindo nossa riqueza (ou aumentando nosso "rombo") quando usamos os serviços de empréstimo e financiamento dos bancos.

O entendimento das duas situações é simples para qualquer criança. Não é preciso fazer seus filhos dominar conhecimentos de matemática financeira – isso eles aprenderão no futuro. Essa noção é adquirida por meio de ensinamentos cotidianos, em que pais devem saber cobrar "juros morais" de seus filhos quando eles quiserem usar mais recursos e direitos do que têm.

Veja alguns exemplos.

Seu filho pede insistentemente um presente fora de época e usa todos os apelos emocionais para isso. Todos os colegas da escola têm, é o grande sonho da vida dele, ele abre mão do presente de aniversário... Mantenha-se firme! Lembre-se dos princípios 2 e 3 (CELEBRAR e ORÇAR): preservar as oportunidades de celebração e não gastar além do previsto. Proponha a seu filho uma ajuda, se ele tiver disciplina. Por exemplo, se guardar 10 reais da mesada durante seis meses, você dobrará o valor poupado após esse período. Não importa a taxa de juros – ela não fará sentido para uma criança. Importa a percepção de que poupadores são recompensados com juros e que, por isso, podem realizar mais sonhos do que realizariam com seu montante inicial.

O mesmo raciocínio do exemplo anterior vale para lições sobre dívidas. Seu filho quer um certo presente, mas já gastou toda a mesada. Você pode propor que, para receber adiantada uma verba de, digamos, 20 reais, ele deixará de receber 21 reais da próxima mesada. Como na vida adulta, será punido por usar um dinheiro que não tem. Em outras palavras, terá de pagar aluguel para quem lhe emprestou.

Suponhamos que pais e filhos tenham um acordo quanto ao uso diário do videogame. Uma hora por dia, por exemplo. Invariavelmente, sempre haverá um dia em que os filhos desejarão estender o tempo de jogo além do combinado – seja por estar com amigos em casa, seja por estar superando algum recorde pessoal. Uma boa oportunidade para negociar juros morais. Os pais podem propor que, para cada hora além do limite proposto, os filhos deixarão de jogar duas horas nos dias seguintes. Horas a menos durante a semana também podem se transformar em horas-bônus nos fins de semana. Seja justo e rígido com a regra e em breve você observará maior disciplina quanto ao horário.

As orientações acima não devem ser interpretadas como castigo, nem pelos pais nem pelos filhos. As propostas de juros morais devem ser apresentadas como conseqüências da justiça. Num lar justo ou numa sociedade justa, direitos e deveres são respeitados. Nem todos os filhos, obviamente, aceitam na infância tal fato com serenidade, mas certamente reconhecem suas boas conseqüências quando adultos.

Princípio 5: DIFERENCIAR

Amigos, amigos, negócios à parte

Como acontece com todos os povos latinos, brasileiros em geral não são bons negociadores. E não é por burrice ou falta de sorte. Existem inúmeros motivos para isso, mas dois dos principais são a empatia, ou calor humano, dos brasileiros – uma qualidade bastante valorizada de nosso povo – e nossa visão preconceituosa da negociação, que abordarei no princípio 6 (NEGOCIAR).

Durante o tempo em que morei fora do país, sempre procurei conhecer melhor outras culturas e fazer conhecer um pouco mais da nossa. Muitos estrangeiros surpreendem-se ao saber que, no Brasil, as pessoas não trabalham de biquíni, não vêem cobras enormes nas ruas e comem abacate com açúcar – e não com vinagre, como na maior parte do mundo. Mas, sem exceção, todas as pessoas com quem tive maior tempo de conversa exaltaram a empatia dos brasileiros, nossa grande capacidade de fazer amizade.

Crianças latinas são educadas para interagir com outras crianças e com adultos. Quando vão a uma festa infantil, alegram seus pais pela bagunça que fazem com outras crianças, e não por se portar educadamente. Crescem sendo incentivadas a interagir, a se envolver socialmente, a formar um grupo. Na vida adulta, serão pessoas mais predispostas a novas amizades, de fácil integração e forte espírito de equipe. Brasileiros e latinos em geral fazem amizade muito facilmente.

De uma corrida de táxi a um corte de cabelo, da banca de jornal à feira, normalmente fazemos amizade ou, ao menos, criamos alguma empatia com o profissional que nos atende. O problema é que essa facilidade em fazer amizade é levada a extremos não recomendáveis nas diversas situações cotidianas de compra. Mesmo quando adultos, deixamo-nos facilmente envolver pelo vendedor assim que somos recebidos na loja. A troca de sorrisos, o papo aparentemente despretensioso antes de tratar de negócios, as confidências mútuas de problemas pessoais e de sonhos, são todos exemplos de técnicas comerciais para "fisgar" o comprador. Quando menos percebemos, somos amigos!

Obviamente, será muito mais difícil negociar e obter descontos de uma pessoa querida. Não faltarão argumentos para nos sensibilizar quando pedirmos um desconto. "Assim você quebra minhas pernas" soa como se o vendedor tratasse de nossas próprias pernas. "Não posso dar mais desconto, já estou tirando de minha comissão." E quem disse que é papel do comprador garantir a comissão dos vendedores? Faça o vendedor exigir do gerente um abatimento na comissão da loja também!

Cabe a você e a cada pai ou mãe deste país transformar esse lado frágil de uma de nossas maiores qualidades. Não quero pregar o fim da empatia, do calor humano dos povos latinos. Quero alertá-lo de que é possível incentivar qualidades como essa sem criar uma perigosa armadilha de consumo.

Faça de cada compra ao lado de seu filho um evento com características marcantes e únicas. Diferencie as idas ao shopping a lazer das idas para compras. Adote uma postura mais séria e menos descontraída ao fazer compras. Caso contrário, estará associando o ato de comprar ao lazer. Tenha uma postura também séria durante a interação com vendedores. Descontraia-se somente após finalizar a compra. Se você gosta de fazer do ato de compras uma rotina social, compre, feche o negócio e depois se acomode ao lado do vendedor para um longo bate-papo. Certamente a criança a seu lado estará registrando seu comportamento para espelhá-lo no futuro.

Princípio 6: NEGOCIAR

Seu dinheiro vale mais na sua mão que na dos outros

Defino negociação como a capacidade de convencer um vendedor, numa situação de compra, de que o seu real vale mais que o real do outro cliente. Estendo ainda essa interpretação para a idéia de que cada real que você deixou de economizar por falta de pechincha significa a perda de dois reais: o que você perdeu e o que o vendedor ganhou. Os mais racionais podem também entender essa interpretação do real duplo como a economia que, se ficasse aplicada em investimentos, em poucos anos dobraria de valor.

Cada centavo perdido ao longo de uma vida pode ser uma pequena parte daquele milhão de reais de que qualquer pessoa pode vir a sentir falta na velhice.

A negociação é um hábito pouco valorizado por nossa sociedade, por isso o encaro como um dos sete princípios fundamentais na educação financeira. Talvez ele possa ser relacionado ao princípio 5 (DIFERENCIAR), mas preferi dividir nossa dificuldade de negociação em duas partes, para que os pais possam refletir apropriadamente sobre esse aspecto.

Piadas preconceituosas com estereótipos sociais que supostamente são menos perdulários - tipicamente árabes e judeus - formam na mente da criança uma imagem negativa do hábito de negociar. Tamanha é a ênfase que os pais costumam dar à relevância dos estudos para a sobrevivência na vida que poucos jovens ousam discordar. Mesmo que sejam raros os estudantes que sintam prazer nos estudos. Cabe salientar que muitos empresários bem-sucedidos formaram impérios econômicos sem nem mesmo concluir os estudos básicos. Da mesma forma, quanto mais intensas e freqüentes forem as referências preconceituosas num lar, mais cegamente as crianças acreditarão na veracidade das interpretações associadas a essas referências. Mesmo que sejam originadas em piadas!

Os pais devem zelar para que a criança não desenvolva uma visão estereotipada de hábitos saudáveis como a pechincha e a poupança.

Além de, obviamente, evitar piadas preconceituosas, cabe ao pai e à mãe repreender com veemência, na presença dos filhos, aqueles que introduzem tais referências no ambiente familiar.

A negociação também pode ser encarada como uma atividade divertida. Entre os povos árabes, é vista praticamente como um esporte. Tamanha é a habilidade desses povos nas negociações que restou aos outros vingar sua inferioridade fazendo piadas. Uma leitura que recomendo a pais e adolescentes é o clássico *O Homem que Calculava*, de Malba Tahan (Editora Record). Nele, são apresentadas dezenas de situações cotidianas envolvendo habilidades e cálculos simples que, se aplicados na vida real, podem diferenciar o bom negociador de sua vítima.

Perceba no exemplo abaixo como, com um jogo de palavras, é possível levar uma rasteira dos números.

Eu, você e ele fomos comer num restaurante, e a conta foi de R$ 30,00. Decidimos dividi-la: cada um de nós pagou R$ 10,00.

O garçom levou o dinheiro até o caixa e o dono do restaurante disse o seguinte:

– Conheço esses três. São clientes antigos. Vamos devolver R$ 5,00 a eles.

Entregou ao garçom cinco notas de R$ 1,00.

O garçom, muito esperto, ficou com R$ 2,00 para ele e deu R$ 1,00 para cada um de nós. Então, no final, a conta ficou assim: cada um de nós gastou R$ 10,00 menos R$ 1,00 que foi devolvido. Gastamos, portanto, R$ 9,00 cada um.

Mas, se cada um de nós gastou R$ 9,00, gastamos juntos R$ 27,00. E, se o garçom ficou com R$ 2,00 para ele, o que aconteceu?

Nós três: R$ 27,00.

Garçom: R$ 2,00.

TOTAL: R$ 29,00.

Onde é que foi parar aquele R$ 1,00 que está faltando? Acho melhor você descobrir, pois, se não me engano, era seu...

Se você ainda não percebeu onde foi parar o R$ 1, releia e reflita antes de continuar. Não está faltando nenhum centavo na conta. Não podemos somar os R$ 27 que gastamos com os R$ 2 que o garçom tirou, pois ele tirou justamente do dinheiro que demos. Em vez de somar, temos de subtrair os R$ 2 dos R$ 27, obtendo então um resultado lógico: R$ 25, o pagamento do restaurante.

Para chegar ao resultado de R$ 30, a conta é outra. Temos de somar o faturamento do restaurante (R$ 25), mais o troco que recebemos (R$ 3) e mais o que o garçom embolsou (R$ 2). Percebeu como não é difícil cair em armadilhas de negociação?

Note que o bom raciocínio matemático não basta. Para que seus filhos tenham bons resultados com seu escasso dinheirinho, precisam desenvolver-se por completo, incluindo habilidades em comunicação e linguagem.

Princípio 7: EQUILIBRAR

Vida rica é vida em equilíbrio

Proponho o sétimo e último princípio fundamental como uma espécie de guarda-chuva dos demais. Nenhum dos seis princípios anteriores valerá alguma coisa se você não for capaz de conscientizar seus filhos de que a vida mais rica é aquela em que os valores pessoais estão em equilíbrio.

A falta de cada um dos princípios que expus até aqui é um peso a mais a puxar nossos jovens para o mundo das dificuldades financeiras. Contudo, os excessos podem ser tão danosos quanto a falta, criando problemas por zelo demasiado. O equilíbrio, ou a capacidade de distinguir os extremos de falta ou excesso, será adquirido com a maturidade de seus filhos. Seu papel é o de prepará-los para reconhecer esses extremos.

Segundo o princípio 1 (VALORIZAR), você deve sempre engrandecer mais os valores que o preço das coisas. Mas seus filhos viverão numa sociedade em que nem todos terão as mesmas percepções de valor. Procure atentar para sinais de que o princípio 1 está sendo empregado em demasia na educação financeira de seus filhos: falta de interesse em retribuir presentes recebidos de amigos, incapacidade de oferecer gorjetas, desinteresse pela moda e opção por roupas demasiadamente baratas e de baixíssima durabilidade são alguns sintomas, em adultos e crianças. Na presença de tais sintomas, um incentivo ao consumo é desejável.

Pelo princípio 2 (CELEBRAR), a rotina deve ser, ao mesmo tempo, construída para dar ritmo às finanças da família e quebrada por bons motivos para desfrutar o sucesso familiar. O perigo está em transformando a rotina em algo extremamente frugal e entediante apenas para poder fazer de férias e datas festivas momentos de luxo extremo e destruição das reservas financeiras. Segundo psicólogos, picos de excitação intensa tendem a desencadear comportamentos depressivos. Não podemos viver trezentos e quarenta dias de mau humor acreditando curar esse sentimento em vinte e poucos dias de férias por ano. A rotina tem seu valor. A previsibilidade construída é saudável, não importa se sua rotina significa poder cozinhar todos os dias sua dieta preferida ou ir a cada dia a um restaurante diferente.

Os princípios 3 (ORÇAR) e 4 (INVESTIR) têm o intuito de lembrá-lo de que o sucesso financeiro pode ser planejado, e que ele começa com o planejamento de como e quando gastar – e quanto poupar. Quem não tem dinheiro não pode consumir, certo? A resposta a essa pergunta é *talvez*. Cuidado para não incutir na mente de seus filhos a idéia de que financiamentos são um mal para a humanidade. Empréstimos e financiamentos devem ser evitados porque são desvios no seu caminho para o enriquecimento. Mas são também mecanismos para suprir necessidades mais urgentes e para ajudar a organizar o orçamento dos mais disciplinados. Comprar a prazo é, ao mesmo tempo, um perigo para os descontrolados e uma maneira de não ter picos de gastos para os mais controlados. Empresas praticamente não funcionam sem dívidas. A boa educação financeira não vai apenas criar meios de optar ou não por parcelamentos. Vai também criar meios de a pessoa ser disciplinada e controlada com suas contas.

Já o princípio 5 (DIFERENCIAR) recomenda uma postura mais fria e calculista nas situações de consumo. Se essa recomendação for aplicada ao extremo, provavelmente você terá uma fera das negociações em casa. Ótimo! Mas nem sempre as situações de consumo demandam negociação severa. Devem-se valorizar também situações em que o foco não é a compra, e sim o vendedor. Na minha opinião, não é muito elegante negociar preços em bazares de caridade, na loja de um amigo ou num restaurante de beira de estrada. São casos em que você não está apenas *comprando*, mas também *prestigiando* ou até *contribuindo*, o que exige uma postura mais caridosa e flexível.

Finalmente, pelo princípio 6 (NEGOCIAR), você deve prezar cada real ganho e valorizá-lo não só por seu poder de compra, mas pelo que ele produziria se fosse investido por alguns anos. Para nossa sorte, valorizar os centavos e brigar por pequenas margens fará, sim, muita diferença na construção de um patrimônio de milhões. Mas não podemos fazer disso uma obsessão paranóica, com discursos fervorosos diante do caixa que se recusa a lhe dar um centavo de troco. Basta, simplesmente, exigir sua parcela de vantagem quando seu direito é restringido. Diante da pergunta "vai um chiclete de troco?", limpe a garganta e diga com um sorriso: "Só se forem três chicletes!" E não se esqueça de dar uma piscadinha cúmplice para o filho que o acompanha.

Enfim, uma vida financeiramente saudável inclui capacidade de poupar e também de consumir. Ambos em equilíbrio. Seu desafio está em criar na família um ambiente de reconhecimento de valores. Obviamente, os sentimentos não podem ser disfarçados, ainda mais com crianças por perto. Por isso, o primeiro passo para viabilizar uma educação financeira saudável para seus filhos é adotar os princípios aqui listados como diretrizes para sua própria vida financeira.

As conseqüências dessa opção serão refletidas numa vida financeira da família mais estável e, mais cedo ou mais tarde, as crianças perceberão os motivos dessa estabilidade – consciente ou inconscientemente. Acredito, em razão disso, que a etapa mais difícil da educação financeira dos filhos seja mesmo a adaptação dos pais aos sete princípios. Para facilitar sua vida, proponho, no capítulo seguinte, seis atitudes fundamentais que o ajudarão a conduzir melhor a vida financeira da família.

5

Capítulo

Seis atitudes fundamentais

Educar é uma questão de atitude, e afirmo isso com alguma propriedade. Aprendi, durante cerca de sete anos como professor de cursos de pós-graduação (meu papel era o de ensinar, e mesmo assim aprendi muito), que educar não se limita a despejar conhecimentos. Há algo além disso.

Nas primeiras oportunidades que tive de ministrar aulas, eu sentia que meu conhecimento poderia não ser o suficiente para aqueles cursos, pois todos os alunos eram mais velhos que eu. Mesmo assim, eu havia sido convidado por qualidades que demonstrara em serviços prestados no mercado. Apesar de ouvir, aos 24 anos de idade, coisas do tipo "esse moleque é que vai dar aula?", "o professor faltou e mandou o estagiário?" ou "chegou a turma da Xuxa", decidi não esmorecer e acabei conquistando minhas turmas aos poucos. Não pelo que eu sabia, mas pela minha habilidade em procurar, sempre, deixar qualquer dúvida devidamente respondida e pela atitude honesta de não tentar responder o que não sabia. Quando me perguntavam alguma coisa que eu não soubesse, simplesmente dizia que a pergunta era boa e que eu não sabia a resposta, mas que a traria na aula seguinte.

Cheguei a encerrar alguns cursos e, por falta de aulas adicionais, mandar e-mails a todos explicando um ponto de dúvida da última aula. Nos primeiros anos, acredito que minha carteira de aulas aumentou simplesmente por meus alunos reconhecerem uma atitude honesta e um bom relacionamento. Mas minha própria atitude criou oportunidades de aprendizado de que se privam alguns professores, crentes de serem os donos do saber. Hoje raramente recorro a tal expediente, mas confesso que meus alunos aprenderam mais por minha atitude do que pelo meu conhecimento.

Essa reflexão pessoal vale para você, pai ou mãe. Não queira convencer seus filhos de que você é dono do saber e infalível, pois o máximo que você vai conseguir deles, um dia, é a percepção frustrada de que seus super-heróis eram uma farsa.

Seja honesto com crianças e jovens. Lembre-se de que a informação é hoje uma *commodity* acessível a qualquer um, inclusive a eles. O papel dos pais não é mais ensinar. É apresentar às crianças e jovens os melhores meios de acesso à informação e alertá-los para as armadilhas da vida. Seus filhos se tornarão adultos bem antes do que você imagina, pelo menos na sua percepção do que é ser adulto.

Lembre-se de que o aprendizado se faz com conhecimentos, habilidades e atitudes. Para a educação de seus filhos, inclusive a educação financeira, recorra a atitudes e habilidades mais do que a conhecimentos. Elas são suas principais ferramentas durante a maravilhosa aventura de educar crianças.

Proponho a seguir seis atitudes fundamentais que filtrei de minha pesquisa em textos de psicólogos e pedagogos. Essas atitudes, se não forem suficientes, serão ao menos úteis para marcar intensamente o período de aprendizado e convivência com os pais na vida de seus filhos. Recomendo-lhe que, ao ler as linhas seguintes, faça pausas para reflexões e anotações sobre como aplicar cada atitude nas particularidades da vida de sua família.

Ensine todos os dias

Aprendemos por repetição

Um erro comum que vejo muitos pais cometer é repreender seus filhos com a frase: "Já falei para você não fazer isso", como um ultimato insinuando que dizer algo uma vez a alguém é suficiente para um aprendizado definitivo. Esqueça essa atitude.

Mesmo adultos não conseguem aprender de primeira. Para aprendermos bem qualquer assunto, precisamos ouvir um ou mais especialistas tratar desse assunto diversas vezes, melhor se com diferentes abordagens. Ao concluir uma faculdade, a maior certeza que qualquer estudante tem é a de que ele não sabe nada ou sabe muito pouco sobre sua atividade profissional. Não há nada de errado nessa percepção.

A maior parte do conteúdo técnico abordado na faculdade é apresentada pela primeira vez na vida do estudante, várias disciplinas simultaneamente, com carga horária limitada e a pressão indireta das provas, que o obrigam a dominar aquela parcela do conteúdo necessária à aprovação. Concluir uma faculdade não faz de ninguém um especialista de fato, independentemente do nível ou do preço da faculdade. A verdadeira especialização é adquirida no cotidiano profissional. O recém-formado tem de recorrer a suas anotações de aula e livros didáticos. Com o tempo, a repetição das consultas às ferramentas consolida o aprendizado, dispensando futuros retornos ao material.

Muitas escolas de idiomas lançam mão do método da repetição. Não importa qual o idioma. De tanto ouvir que o livro está em cima da mesa, que a xícara está em cima da mesa ou que o sapato está em cima do sofá, no mínimo ao final da aula você saberá dizer, em outro idioma, que algo está em cima de algo. Com um dicionário à mão para ajudá-lo com uma ou outra palavra, a comunicação não será difícil.

Seus filhos, como qualquer ser humano, dificilmente reconhecerão a importância de valores e de idéias práticas se estes não fizerem parte do cotidiano da família. Não adiantará nada criar o "sábado do aprendizado financeiro em família" ou a "semana de organizar as contas", se esse tipo de data não ocorrer com alguma regularidade. Tudo o que envolver disciplina, organização e cortes de gastos e não estiver intrinsecamente relacionado à rotina terá uma conotação pedante e desestimulante. A reação mais gentil que você deve esperar de seus filhos se optar pela quebra de rotina é uma inconformada cara amarrada.

Esforce-se para fazer do aprendizado financeiro algo cotidiano. Nada de longas conversas sobre bancos, juros e riqueza. Esqueça os planos de reunir as crianças para uma ampla discussão dos objetivos da família e dos sacrifícios para consegui-los. A rotina dilui o esforço do aprendizado e evita que ele se torne um sacrifício.

Quando eu era criança, alguém me convenceu de que eu deveria tentar fazer uma boa ação a cada dia. Esforce-se para fazer sua boa ação cotidiana em relação à riqueza de seus filhos. Uma pequena ação por dia pode ser suficiente. Alguma destas frases, por exemplo, pode ser o início de um descontraído bate-papo.

"Você guardou alguma moeda no cofrinho esta semana?"
"Papai está trabalhando até mais tarde para conseguir ganhar mais e pagar nossas férias."
"Não vou levar o cartão de crédito ao shopping porque percebemos que o dinheiro no banco acabou."
"Você está conseguindo guardar aquele dinheirinho para o cinema do fim de semana?"
"Aquele moço está triste porque gastou mais dinheiro do que tinha e teve que devolver o que comprou."
"Só vou comprar a roupa que você está me pedindo se você me ajudar a conseguir 10 reais de desconto com a vendedora."

Frases simples, mas que fazem uma criança refletir. Quanto mais freqüentes, mais marcantes serão os hábitos e ensinamentos tirados delas. O costume não requer grande sacrifício dos pais, mas sim uma responsável mudança de atitude.

Não espere que seus filhos absorvam rapidamente um comportamento saudável em relação a suas finanças, pois esse é um comportamento tipicamente adulto. Adultos têm a real dimensão da renda, de suas limitações e dos problemas gerados pelos erros na administração financeira. Crianças não trabalham e não têm renda, por isso não é natural para elas um comportamento de preocupação com os resultados do trabalho.

É justamente por isso que os ensinamentos cotidianos não devem ser feitos na espera de uma imediata compreensão por parte da criança. Uma qualidade imprescindível ao educador é a perseverança. Outro papel de pais e mães é o de construir valores, desenvolver numa mente imatura uma visão mais responsável. Talvez os resultados de todo esse aprendizado apareçam somente ao final da adolescência, ou talvez até mais tarde. Mas, de qualquer forma, é muito provável que seus filhos tenham de errar menos na vida para aprender, pois seus pais lhes terão transmitido muitas lições com os erros e acertos dos outros.

Ensine com diversão

Aprendemos por prazer

A grande dificuldade em ensinar crianças a lidar com o dinheiro está na seriedade com que o tema é normalmente abordado. Crianças gostam de imitar adultos, mas no fundo o que elas mais querem é ser mesmo crianças. Seu papel é brincar, e elas sabem disso. Entendem que o papel dos pais é o de cuidar delas, por isso se recusam a fazer coisas que não sejam divertidas, por mais importantes que sejam para sua vida, pois consideram que quem deve fazê-las são os adultos.

Portanto, outra forma de fazer do aprendizado financeiro um processo natural na infância e na adolescência é associá-lo às atividades que interessam aos filhos. Muitos filhos não demonstram nenhum interesse em sentar à mesa com os pais para discutir os gastos da família. Mas a postura certamente será outra se o objetivo da reunião em família for um debate sobre as próximas férias, ou sobre um passeio de fim de semana – o que, ao fim e ao cabo, representa gastos.

Esforce-se para fazer do aprendizado financeiro algo prazeroso. Evite sermões a respeito da mesada. Evite também compartilhar exaustivamente com as crianças os problemas financeiros da família. À medida que envelhecemos, temos uma tendência a querer contar histórias do passado aos mais jovens. Prefira as histórias positivas, com referências a boas sacadas e boas escolhas de algum conhecido. Procure ter histórias desse tipo para contar. Conte também histórias de insucessos, mas priorize aquelas em detrimento destas. No nosso mundo, já existe um excesso de referências negativas em relação ao dinheiro.

Experimente jogos, livros e filmes que tratem de riqueza e administração da mesada. Enquanto muitas editoras, empresas de jogos e produtoras de filmes possuem apenas ambições comerciais, outras têm interesse em criar produtos que divirtam as crianças e atendam aos anseios educacionais de pais, terapeutas e educadores. Converse com profissionais e selecione os melhores produtos.

Se seus filhos têm planos de viajar com colegas, compartilhe com os pais desses colegas as orientações sobre cuidados com o dinheiro. Procure convencê-los a adotar orientações comuns para todo o grupo. Quando estiverem longe dos pais, os pequenos mutuamente se cobrarão das orientações recebidas, caso elas sejam as mesmas para todos. Se o grupo de amigos e pais tiver suficiente intimidade, proponha que todas as crianças administrem conjuntamente a verba do grupo, para que decidam, também em conjunto, quanto gastar nas atividades coletivas.

Uma conseqüência interessante desse tipo de proposta costuma ser a opção por alternativas mais econômicas. Quando crianças compram para o grupo de amigos, ficam mais propensas a gastar menos e compartilhar com os colegas aquilo que compraram. Você pode se surpreender positivamente com as escolhas de seus filhos.

No próximo capítulo, apresento algumas ferramentas e idéias que podem ser usadas pelos pais para fazer do aprendizado financeiro algo mais divertido e interessante.

Ensine pelo exemplo

Aprendemos por inspiração

Você já parou para pensar quem são os ídolos de nossas crianças? Em quem eles se espelham para sonhar com o futuro? Pense no nome de alguém, uma pessoa muito admirada por seus filhos. Não me espanta se os únicos nomes que lhe vêm à mente sejam de pessoas ligadas à família. Realmente nos faltam personalidades a admirar. À exceção de alguns nomes de apresentadores de televisão e alguns ídolos do esporte, nossos filhos são e continuarão sendo extremamente carentes de exemplos de ídolos profissionais ou ídolos de conduta a ser seguida. Ou terão na família, com seus valores e costumes, os melhores exemplos a seguir.

As pessoas razoavelmente informadas que acompanham a política brasileira sabem que, independentemente de partido ou ideologia, a classe política é formada por um número substancial de corruptos e aproveitadores. Raros são os que se salvam. Para estes, a recompensa é o isolamento político, que acaba por reduzir as chances de reeleição. Essa vergonhosa classe política que, na teoria, deveria representar os anseios dos que a elegem, e não de seus comparsas e patrocinadores, depende essencialmente da ignorância de seus eleitores para manter-se no poder.

Aos eleitores esclarecidos, cabe indignar-se e esperar o lento amadurecimento da sociedade. Admiramos nossos eleitos até descobrir suas pilantragens, suas propostas de leis criadas em benefício próprio, suas estratégias de desvios de recursos e suas manipulações políticas. E, ao descobrirmos, resta-nos a frustração, pois outros eleitores desinformados elegerão novamente o nome famoso da televisão.

Nas diversas religiões acontece algo semelhante. Todas têm certo núcleo comum, uma essência de valores e princípios universais. Mas cada uma diferencia-se das demais pelas criações humanas, caracterizadas por princípios, normas ou doutrinas que acabam se tornando o núcleo das discussões entre os seguidores. Muito das orientações oferecidas pelas igrejas gira em torno do que é permitido ou proibido. E muito das fofocas entre os freqüentadores limita-se a tratar de quem violou as normas.

Crescemos rodeados de pessoas e instituições que ostentam a bandeira do "faça o que eu digo, mas não faça o que eu faço". Por isso, cidadãos que teriam muito a contribuir com a sociedade, atuando como seus representantes, abominam a política. Por razões parecidas, pessoas de elevado valor moral acabam por abandonar as doutrinas de sua igreja.

Exponho aqui minhas reflexões pessoais sobre política e religião para fazer um paralelo em relação ao sentimento dos filhos quando "cai a ficha" quanto a seus pais. Se você oferece ensinamentos e não os pratica, certamente enfraquecerá as lições oferecidas. É fato que aprendemos muito também com os erros dos outros, evitando repetir atitudes fracassadas, mas não creio que você queira fazer parte da história da família como um modelo de fracasso.

"O exemplo vem de casa." Essa frase foi repetida inúmeras vezes durante anos e anos pelo meu sogro, o saudoso senhor Rubens. Ensinamento simples, com uma grande mensagem em poucas palavras, que seus filhos entenderam bem por ouvi-la quase cotidianamente, sobretudo durante a adolescência. Quando esses filhos começaram a educar os netos do senhor Rubens, a frase voltou a ser lembrada com nostalgia nos almoços em família aos domingos. Meus cunhados e minha esposa nunca foram privados de suas escolhas. Enquanto muitos pais optam por realizar sermões diários a seus filhos, as histórias de família contam que o senhor Rubens era incapaz de proibir qualquer pessoa de qualquer atitude. Seus filhos, adolescentes de classe média, tinham amigos com todos os tipos de vício. Mesmo assim, nunca ouviram de seu pai algo como "não quero ver você fumando maconha!" Suas frases referiam-se a seus atos: "Você já me viu beber? Já me viu com um cigarro na boca? Já me viu parado num bar? Que isso lhe sirva

de exemplo". Seus filhos seguiram seu exemplo, e orgulham-se de levar uma vida saudável, honesta e sem vícios.

Reitero que seus hábitos devem se adequar àquilo que você espera para seus filhos. "Filho de peixe, peixinho é", diz o ditado. Se você não quer que seus filhos errem na vida, faça sua parte, policiando-se para não cometer os temidos erros.

Lembre-se dos sete princípios fundamentais de que tratei no capítulo anterior. Se você, independentemente de seu grau de riqueza, tem o hábito de presentear amigos e familiares com objetos mais caros dos que os que recebe, induzirá seus filhos a fazer o mesmo com os colegas – e, acredite, o número de colegas será maior que o de sua infância e adolescência. Se você presenteia-se sem motivo, dará a seus filhos o direito de exigir o mesmo para eles. Se vive no vermelho e faz disso uma regra – e não a exceção –, terá filhos dependentes de limites de crédito para realizar seus sonhos. Se faz das compras uma atividade de lazer, verá seus filhos crescer extremamente dependentes do consumo. Se é displicente nas negociações, terá filhos tão ou mais perdulários que você. E seus filhos guiarão suas vidas com os mesmos valores com que você guia a sua; cabe, então, a você buscar equilíbrio em sua vida presente a fim de oferecer um bom exemplo.

Ensine com justiça

Aprendemos por obrigação moral

Apesar do ritmo impressionante da evolução das tecnologias e dos meios de informação, a rotina de uma criança continua relativamente bem menos complexa que a de um adulto. Suas preocupações são em menor número e de curto prazo. Crianças não se preocupam com os tributos que terão de pagar daqui a doze meses, ou com o plano de previdência que gerará frutos daqui a quinze anos. Preocupam-se com o feriado do próximo mês, com as provas escolares da próxima semana ou com a competição de natação do sábado. Adolescentes preocupam-se com o número de beijos que darão na próxima balada ou com o vestibular do ano seguinte.

Mas é injusto dizer que crianças e jovens não têm preocupações. Por serem mais simples e em menor número, essas ingênuas preocupações são muito intensas e marcantes. Na percepção de um adulto, são tempestades em copos d'água. Se uma criança diz que quer determinado brinquedo a um desatento pai que lê o jornal e ele responde que o comprará no fim de semana, é provável que essa criança não durma esperando o prometido dia. A promessa do pai pode passar a se tornar o foco de atenção da semana, talvez até o assunto da roda de amigos na escola.

Não cumprir a promessa feita a essa criança pode significar a ruína de um enorme castelo construído durante dias. E dias para uma criança podem equivaler a meses da vida de um adulto, pois as percepções de tempo são bastante diferentes. Não haverá desculpa capaz de justificar tamanho "furo" dos pais. "Furo" que será interpretado, pela criança, como uma traição. "Disseram que iriam comprar só para eu não pedir mais... Terei que ser mais insistente da próxima vez!" Os pais sentirão as conseqüências nos dias e pedidos subseqüentes.

Jamais prometa a uma criança algo que você não tenha certeza de que vai cumprir. Planos são feitos para ser realizados. Pais que não cumprem promessas são pais que criam dívidas morais com seus filhos. Se a dívida moral, ou o não-cumprimento de uma promessa, for algo cotidiano na vida das crianças, elas entenderão que promessas servem apenas para botar panos quentes em situações de conflito. No futuro, prometerão honrar seus empréstimos e não sentirão o menor peso na consciência se não o fizerem. Evite essa percepção, deixe essa imagem ruim apenas com os políticos.

A justiça tem duas faces que, como numa moeda, estão sempre unidas. Uma delas é honrar a palavra. Somente uma pessoa justa será tratada com justiça. A outra é esperar dos demais uma atitude justa. Procure ensinar seus filhos a ser justos e honestos, mas faça-o de maneira proativa, não simplesmente torcendo para que isso aconteça.

Tão importante quanto as normas impostas é o respeito de todos a elas. Regra que vale para um filho vale para todos. Regra que vale para os filhos deve valer para os pais, senão não faz sentido. Cuidado com a interpretação da justiça: não é porque os filhos devem deitar-se às 8 horas da noite que os pais precisam fazer o mesmo. Uma regra justa é que todos tenham hora para dormir, assim como é justo que todos tenham algum tempo para o lazer.

Atitudes honestas e civilizadas também fazem parte do senso de justiça. Você passará a ser declaradamente desonesto e injusto quando disser diante de seus filhos que o governo não merece receber seus impostos e que por isso você sonega. Se o governo não sabe lidar honestamente com seu dinheiro, mude o governo pelo voto e pelo protesto, em vez de sujar sua própria honra, principalmente diante dos filhos. Acredito que a pior imagem que um filho pode ter de seus pais é vê-los na televisão sendo acusados de um crime como a sonegação de impostos.

Pais e mães são os heróis de seus filhos, até começar a decepcioná-los. E, certamente, obrigar as crianças a seguir regras que não são válidas para todos, sobretudo para os pais, fere na essência o senso de justiça delas. Lembre-se de que elas nascem puras de consciência, portanto nascem também justas. Ensinar-lhes que a existência de regras não implica seu cumprimento é o mesmo que destruir gradualmente uma qualidade que já nasceu feita pela natureza.

Ensine com humildade

Aprendemos também quando ensinamos

Jamais subestime o potencial e o conhecimento de seus filhos. Essa é uma regra que sigo como professor, respeitando as idéias e os fatos trazidos por alunos em minhas aulas. Já mencionei que seus filhos são usuários, principalmente nas escolas, de tecnologias que fornecem uma quantidade incrível de informações atualizadas. Antes de chegarem à adolescência, é provável que tenham armazenado uma quantidade de informações superior à que você acumulou até a vida adulta.

Na idade em que você riscava papéis com giz de cera em sua infância, seus filhos hoje montam páginas virtuais na internet. É provável que eles saibam da história da reprodução das flores com a ajuda das abelhinhas até antes de dominar a escrita fluente. Se você iludir-se e acreditar que estará sempre informando coisas novas a seus filhos, provavelmente os decepcionará cedo.

Tenha a humildade de também aprender com eles. Ninguém nasce sabendo tudo, e é importante que os filhos vejam seus pais como seres humanos tão frágeis quanto eles, porém com um punhado de lições tiradas de erros e acertos que os anos a mais lhes permitiram aproveitar. Se alguma informação fornecida aos filhos for rebatida com uma correção ou uma opinião divergente, procure entender mais da interpretação deles. Agradeça pela oportunidade de aprender. Não é vergonha demonstrar interesse pelo que eles aprendem na escola.

Com o tempo, você poderá desenvolver a habilidade de aproveitar esse tipo de oportunidade para contar um pouco mais sobre os métodos de ensino e outras curiosidades de seu passado. No mínimo, estará desenvolvendo a aptidão de seus filhos para o aprendizado de disciplinas relacionadas ao tempo e à evolução, como História e Geografia.

Esteja, portanto, preparado não somente para falar, mas também para ouvir. Se seus filhos disserem que aprenderam a fazer contas na escola, não deixe de demonstrar interesse. Esse interesse poderá lhe ser extremamente útil quando, mais tarde, eles tiverem condições de lhe apresentar assuntos que são novidades até mesmo para os adultos, como os sistemas de informação baixados da internet durante a aula, ou os exemplos práticos que os professores ensinaram nos laboratórios.

Algumas escolas, principalmente as particulares, estão cada vez mais preocupadas com a demanda dos pais por um ensino abrangente e aplicado. Você não aprendeu nada sobre bancos e economia em sua escola, mas eu já participo há tempos de palestras e debates com alunos para tratar de investimentos, formação de riqueza e cuidados a tomar com o salário que receberão no futuro. Não ficarei surpreso se, em breve, alguns pais tiverem seu primeiro contato com planilhas de controle orçamentário e simulações de compra e venda de ações por meio das lições de casa de seus filhos.

Recentemente, fui convidado por um tradicional colégio de São Paulo para um "debate sobre dinheiro". O evento não foi proposto por professores, mas sim por uma turma de alunos da 6ª série do ensino fundamental. Como parte do exercício, os professores pediram aos alunos que levantassem suas dúvidas previamente, após uma pesquisa nos cadernos de economia dos jornais. Eu mesmo me surpreendi com algumas das questões levantadas, entre elas:
"Quais as recomendações de investimentos para quem pensa em se aposentar daqui a quarenta e cinco anos?"
"Qual percentual da mesada se deve investir?"
"Qual a diferença entre ações ON e PN?"
"O que é melhor: comprar ou alugar um imóvel?"
"O que é melhor: morar numa casa grande na favela ou numa casa pequena num bairro nobre?"
"Como convencer os pais (!) da importância de um plano de previdência?"
"Filhos deveriam saber quanto os pais ganham?"

Será que você tem consciência das incríveis dúvidas que seus filhos podem ter em relação ao dinheiro? Que tal se abrir um pouco para um papo diferente?

Ensine com carinho

Aprendemos por amor

Você está buscando caminhos melhores para seus filhos. Eles gostariam de não apenas *saber* disso, mas também de *sentir* isso. Muito do conteúdo do aprendizado estará perdido se, de determinados eventos ou oportunidades de tirar lições, a principal lembrança a guardar for o mau humor dos pais ou o conflito gerado por um tema.

Nossas lembranças funcionam por associações. Quanto mais agradáveis forem os momentos de aprendizado, mais positivas serão as lembranças associadas ao tema ensinado. Essa é a razão por que recomendo aproveitar passeios e viagens como oportunidades educativas.

Um ambiente familiar harmonioso é, sem dúvida, muito mais propício e produtivo para o aprendizado. É a mesma regra das empresas: ambientes hostis e insalubres reduzem sensivelmente a produtividade dos colaboradores. Por melhores que sejam as intenções dos pais, por mais atentos que estejam aos sete princípios e às outras cinco atitudes fundamentais[1], de nada adiantará o esforço de ensino se os filhos associarem o ambiente familiar a conflitos.

Quando crianças e jovens sentem em seu lar um ambiente construtivo, harmonioso e de respeito, tendem a procurar preservar e reforçar essa atmosfera. Nem sempre os pontos de vista dos pais serão entendidos pelos filhos, ou vice-versa. Contudo, por maiores que sejam as tentações de envolver-se numa situação não aprovada pelos pais, o amor mútuo da família certamente pesará nas escolhas das crianças e dos jovens. Tais valores perpetuam-se por toda a vida. Conheço pessoas já adultas que, ao recusar um convite, não sentem o menor constrangimento em falar: "Meus pais não aprovariam esta atitude".

---

1. Ensine todos os dias, com diversão, pelo exemplo, com justiça e com humildade.

É de ambientes desfavoráveis que surgem traumas, neuroses e outros tipos de bloqueio psicológico que restringem as capacidades e o bem-estar dos adultos. Se você acredita que o relacionamento familiar está desequilibrado e desfavorável a conversas francas, sugiro que busque orientação com um terapeuta familiar. Esse será um passo importante para colocar em prática, de maneira bem-sucedida, novas idéias educacionais.

Há meios de avaliar quanto o ambiente familiar está equilibrado. Crianças e jovens que são tratados com o carinho que esperam costumam retribuir do seu modo aos adultos. Alguns sempre dizem aos pais que os amam, gesto comum em crianças mais expansivas. Outros não o afirmam enfaticamente, mas a simples postura de curiosidade quando os pais falam ou a companhia silenciosa no mesmo ambiente são sinais de que a presença dos pais é confortável à criança ou ao adolescente.

Por outro lado, crianças sempre distantes, mal-humoradas, isoladas e emburradas quando precisam acompanhar os pais é sinal de fragilidade do relacionamento. De nada adiantará cobrar uma postura diferente dessas crianças, pois seu comportamento é uma reação negativa à não correspondência de sentimentos dos pais. Caso típico para recorrer à ajuda profissional.

Lembre-se de que o amor de seus filhos não pode ser comprado. O único meio de tê-lo é amando-os. Não se esqueça, entretanto, de procurar saber qual é a percepção que seus filhos têm do amor em família. Eles também têm sua forma de amar e esperam ser correspondidos. Como em qualquer tipo de amor, saber corresponder requer compreensão e concessões mútuas.

Como não se deve ensinar

Um erro a evitar na educação de seus filhos, principalmente após conhecer os princípios e atitudes fundamentais, é o de esquecer alguns dos princípios ou valorizar demais apenas um deles, como salientei ao final do capítulo 4. Os princípios englobam valores igualmente importantes na boa condução das finanças na vida de um indivíduo. Da mesma forma, propus neste capítulo seis atitudes fundamentais que, se trabalhadas harmônica e conjuntamente, farão do processo de educação financeira algo mais natural na vida de seus filhos. Atente não somente para a falta de alguma das seis atitudes, mas também para os excessos.

A atitude de ensinar todos os dias não deve ser confundida com "massacre seu filho com informações financeiras 24 horas por dia". A proposta dessa atitude fundamental é motivá-lo a manter-se alerta para aproveitar oportunidades cotidianas. Isso não significa, nem de longe, fazer de cada garfada de alimento ou de cada pagamento na padaria um ensinamento sobre as leis do dinheiro. Não permita que os assuntos "dinheiro" e "riqueza" predominem nas conversas familiares, deixando os demais valores pessoais em segundo plano. Se o tema saturar-se, o resultado pode ser exatamente o oposto do esperado.

A mesma cautela vale para a atitude de ensinar com diversão. Se exagerar na freqüência e intensidade das brincadeiras e jogos, possivelmente será criada a falsa impressão de que a vida é um grande parque de diversões. Aproveite os momentos de diversão para educar ou insira um pouco de diversão ou curiosidades nos momentos de educação. Mas evite fazer dos momentos de estudo um período de brincadeiras e falta de seriedade, pois essa atitude pode comprometer seriamente a concentração em sala de aula ou em atividades de ensino menos participativas. Estudar não é mais uma dentre as várias brincadeiras de criança, e é importante que os pequenos entendam isso.

A orientação de educar pelo exemplo exige também seus limites. Você deve policiar-se para servir de exemplo cotidiano a seus filhos, mas não os deixe acreditar que você é um modelo de sucesso nas atitudes e na condução da vida. Você é um ser humano falível, e seus filhos devem perceber e entender isso. Tire lições de seus erros também, principalmente quando eles vierem acompanhados de mudanças positivas. Procure destacar a habilidade e o sucesso nas escolhas de terceiros, de pessoas com as quais seus filhos mantêm contato com alguma freqüência. Essa atitude pode suscitar uma grande admiração de seus filhos por essas pessoas, mas esqueça o ciúme. Ampliar o círculo de referências para fora da família auxilia na socialização e no aumento de referências positivas para as crianças.

Até mesmo a atitude de ensinar com justiça pode trazer conseqüências negativas quando praticada em excesso. Ser rigoroso e justo é diferente de ser implacável. Não faça de si mesmo o Poder Legislativo da família, e do lar o Poder Judiciário. Use seu bom senso quanto às limitações das crianças. A democracia brasileira é um exemplo de que leis em excesso e sanções freqüentes demais não trazem nem harmonia nem maior obediência às normas. Seja objetivo nas regras de convivência e justo na interpretação dessas regras, sem excessos nem privilégios. Pais que se valem da posição hierárquica na família para não respeitar regras estão dando a seus filhos as primeiras lições sobre a "carteirada", prática inescrupulosa e comum no funcionalismo público do Brasil.

Quanto à atitude humilde de aprender com os filhos, vale lembrar que sua curiosidade e interesse pela educação deles não pode ser uma via de mão única. À medida que crescem, as crianças supõem corretamente que seus pais já aprenderam muito daquilo que seus professores ensinam na escola, e que na fase adulta continuam aprendendo coisas mais complexas. Experimente também compartilhar com seus filhos idéias e assuntos "de adultos", como economia, saúde, negócios e cultura. Comece com comentários sobre notícias, atente para os temas que lhes interessam mais. Essa saudável postura, entre outros benefícios, ajudará a despertar as vocações profissionais de seus filhos.

Pode parecer incrível, mas até mesmo para adotar a atitude de ensinar com carinho é preciso certo controle da dosagem. Amor e carinho não fazem mal a ninguém, mas a própria aplicação de adotar uma atitude justa pode resultar em carinhas emburradas e distanciamento temporário entre pais e filhos, como durante a imposição de um castigo. Educar com carinho vai muito além de ser sempre doce, meigo e afável. Inclui respeitar as crianças e jovens, adverti-los sem elevar o tom de voz e puni-los sem agressões físicas, verbais ou psicológicas (estas últimas uma prática comum, como nas chantagens e ameaças desproporcionais). Pais e mães carinhosos restringem, castigam e proíbem, mas fazem do diálogo uma ferramenta importante para tirar lições dos momentos difíceis.

De certa forma, minha orientação aos pais é, essencialmente, coerência em suas ações e atitudes. Se você não quer que seus filhos cometam erros que você cometeu na vida, deve começar a reparar as suas próprias atitudes e deficiências que originaram esses erros. A pior forma de ensinar é não ter atitudes condizentes com seu objetivo. Seus filhos são parte de sua família, por isso os hábitos deles serão apenas variações dos costumes familiares. Reflita profundamente sobre esse ponto, pois sua dificuldade de colocar em prática seus objetivos pode ser a principal barreira para motivar seus filhos a almejar tais objetivos no futuro.

Você deve ter reparado que as orientações dadas neste capítulo e no anterior não servem apenas para o aprendizado financeiro dos filhos. Procurei enumerar as principais atitudes que provaram, em estudos da Psicologia e da Pedagogia, ser muito úteis como facilitadores do aprendizado em geral. O aprendizado financeiro não pode ser dissociado do aprendizado tradicional, uma vez que, na vida adulta, o equilíbrio financeiro pessoal somente fará sentido se fizer parte do equilíbrio pessoal ou familiar como um todo.

Estou certo de que as contribuições que trouxe até agora com este texto forneceram reflexões para outras situações cotidianas não expostas no livro. Mas, de agora em diante, trato de orientações especificamente relacionadas às finanças da família e dos filhos. Sugiro que você procure assinalar os tópicos mais importantes daqui para a frente, a fim de relê-los posteriormente ou de compartilhá-los com seu companheiro, se for o caso de uma educação a dois.

6

Capítulo

Ferramentas para o aprendizado

Conhecimentos e atitudes não bastam. O aprendizado se consolidará à medida que for praticado. Por isso, é recomendável que se procure desenvolver as habilidades dos filhos nas diversas frentes do aprendizado, inclusive no âmbito financeiro. Isso requer criatividade de pais e educadores para planejar práticas que, na medida do possível, envolvam os sete princípios e respeitem as seis atitudes fundamentais na educação financeira.

Sem a prática, ensinamentos perdem-se com o tempo. Se não forem adequadamente reforçados, entram por um ouvido e saem pelo outro. Reforçar adequadamente significa adotar atitudes compatíveis com o objetivo de ensinar, segundo os seis princípios apresentados no capítulo anterior. Lembre-se de que aprendemos por repetição, por prazer, por inspiração e por obrigação moral, quando se ensina por amor.

Neste capítulo apresento algumas práticas que se mostraram eficientes em diversas famílias que acompanhei, tanto do ponto de vista de pais quanto de filhos. Não são fórmulas que prometem milagres ou têm eficácia garantida para qualquer família. Mas, certamente, são idéias que podem ser experimentadas com seus filhos e que, se aprovadas por eles, estarão capacitando-os a fazer escolhas melhores em relação ao dinheiro em suas vidas.

Se você testar alguma das práticas aqui sugeridas e não obtiver sucesso, aconselho que tente as demais. Como procuro respeitar em cada sugestão a atitude de ensinar com diversão, é improvável que seus filhos desaprovem todas elas. Pelo mesmo motivo, nada impede pais e educadores de experimentar diversas ferramentas simultaneamente.

Mobilização nas escolas

O processo de educação é complexo e sensível a inúmeros fatores externos. Pais, parentes, escola, mídia, amigos, ambiente e incidentes concorrem simultaneamente no processo de formação da capacidade de raciocínio da criança. Esse fato, por si só, já é suficiente para assegurar-nos que é impossível moldar o caráter e a personalidade de alguém, assim como não se deve atribuir a um ou outro desses elementos a responsabilidade por desvios de conduta ou de caráter. A unicidade de cada indivíduo resulta da ação conjunta de todos esses agentes externos.

De qualquer forma, cada agente possui seu peso na formação individual, e certamente o peso da ação – ou da falta dela – dos pais é significativo, pois é das escolhas deles que resulta o ambiente de crescimento dos filhos. Por isso, gostaria de dedicar especial atenção a possíveis equívocos nas escolhas dos pais.

Conforme explicitei no capítulo 2, escolhas inadequadas em relação à educação, assim como no campo financeiro, mostrarão seus efeitos apenas no futuro. Jamais se submeta ao erro de acreditar que seus filhos estão sendo bem preparados simplesmente por tê-los confiado a uma boa escola. Mesmo as boas instituições são sujeitas a falhas, uma vez que sua atividade compõe-se de incontáveis fatores, como professores, modelo didático, conteúdo, regras de comportamento, participação de pais e atividades culturais, entre outros. Seu acompanhamento atento e vigilante será tão importante para seus filhos quanto para a escola, que esperará de você, pai ou mãe, um papel atuante nessa parceria de formação.

Aliás, é desse papel participativo que as escolas mais sentem falta hoje. O resultado é conhecido: mimados alunos tiranos, falta de respeito de alunos e de pais aos professores, professores submissos e clientelistas (o importante é agradar ao freguês) e formação decadente de nossos jovens, cada vez menos preparados para a vida.

Se a escola de seu filho não o está orientando quanto a aspectos financeiros e econômicos, alguma vez você já experimentou questionar isso à coordenação pedagógica, ou já propôs à escola alguma atividade relacionada ao tema? Há profissionais muito competentes que palestram sobre finanças pessoais para pais e filhos, outros que desenvolvem a inserção de exemplos cotidianos nos currículos educacionais, mas a demanda por tais profissionais ainda é reduzida e restrita a escolas elitistas. É provável que, entre o próprio grupo de pais de alunos da escola, existam profissionais atuantes na área financeira dispostos a compartilhar conhecimentos sobre as armadilhas e oportunidades do sistema financeiro para o bolso das famílias. Talvez seja o caso de mobilizar-se e de mobilizar outros pais de alunos, a fim de que todos cooperem nessa importante tarefa para a educação dos filhos.

À primeira vista, tal sugestão pode parecer uma incômoda interferência na já complexa gestão de uma escola. Mas tenha certeza de que a mobilização organizada, participativa e construtiva dos pais é bastante bem-vinda, diferentemente da crítica de arquibancada que se observa normalmente.

Quando o dinheiro surge na vida dos filhos

Os pais não devem esperar seus filhos chegarem a determinada idade para iniciar sua educação financeira. Devem começar quanto antes, desde as primeiras atividades sociais da criança, por meio da vigilância em adotar as seis atitudes fundamentais. "É de pequenino que se torce o pepino", diz o ditado.

Quando pequenas, ainda na época em que começam a se comunicar, as crianças não entendem perfeitamente o ato de consumo. Elas simplesmente querem algo, e sabem que conseguirão o que querem com seus pais. É a fase do EU QUERO!, que vai de 1 a 2 anos de idade. Até então, dinheiro não traz felicidade, pelo menos na percepção dos pequenos. A felicidade está essencialmente na proximidade dos pais, responsáveis pela realização de desejos.

Durante seu desenvolvimento mental, as crianças estão sempre atentas às novidades, incluindo as primeiras interações dos pais com estranhos. Com o tempo, começam a perceber que a satisfação de suas necessidades não depende exatamente dos pais, e sim de que eles adquiram de outras pessoas o que elas querem. É quando começam a entender o ato de comprar. Nessa fase, identificada pela grande atenção que elas dão à interação dos pais com vendedores, pais desatentos podem perder uma grande oportunidade de abrir as portas para o mundo da educação financeira. Se não deixarem claro que a compra é uma troca, nitidamente identificada pela entrega de dinheiro, as crianças entenderão que a satisfação de suas necessidades depende apenas da boa vontade de seus pais em encontrar um vendedor.

Valorize o dinheiro, faça a criança entender que ali está sendo usada boa parte do resultado de seu trabalho. Ao fazer compras com seus filhos, atente para enfatizar o processo de compra, e não o item comprado. No momento em que o pai ou a mãe propõe "será que temos dinheiro suficiente para comprar?", a mente da criança está trabalhando para entender o princípio 3 (ORÇAR).

Os pais podem facilmente notar o início da fase em que as crianças começam a dar real importância ao ato de comprar. É a fase do COMPRA!, dos 2 aos 4 anos de idade, quando tal pedido é incansavelmente repetido ao longo dos dias. Quando essa fase chega, deve-se atentar para não banalizar o ato de compra: não se deve alterar a rotina para adquirir algo supérfluo, por exemplo. A criança deve entender que pequenos mimos devem aguardar a hora certa, como um fim de semana. Apesar da expectativa que essa percepção gera, desenvolve-se também uma necessária disciplina para o consumo, da qual muitos adultos carecem.

A fase seguinte é aquela em que as crianças já se sentem confortáveis em interagir sem o auxílio dos pais. Nessa etapa do desenvolvimento, elas sentem-se realizadas quando os pais permitem que entreguem dinheiro ao vendedor, ou que façam o pedido ao balconista da padaria.Tais práticas devem ser incentivadas desde cedo, para que não se desenvolvam bloqueios quanto ao ato de compra. Ao sentir-se independentes, os filhos percebem que a realização de seus sonhos não depende dos pais – e sim do dinheiro deles. É quando eles enfaticamente começam a pedir dinheiro. Por isso, chamo de fase do ME DÁ UM DINHEIRO?, que começa aos 4 ou 5 anos de idade.

Curiosamente, mesmo que não saibam exatamente o que fazer com o dinheiro, as crianças passam a desejá-lo a partir de certa idade, e essa idade dependerá do grau de liberdade que lhes é dado. Dificilmente passará dos 6 anos. A partir de então, o dinheiro adquire uma aura de poder na vida da criança. Conseguir dinheiro, independentemente da quantia, passa a significar a aquisição do poder de realizar sonhos. Presentear os filhos com um cofrinho, nessa época, é tão oportuno e excitante quanto presenteá-los com um álbum de figurinhas. As crianças entretêm-se intensamente com a emoção de completá-lo um pouquinho a cada dia. Esgotar a capacidade de um cofrinho pode ser uma experiência bastante marcante para a infância de seus filhos.

Condições para os filhos receberem dinheiro

Enquanto as crianças estão na fase do EU QUERO! ou do COMPRA!, até os 4 ou 5 anos de idade, cabe aos pais decidir se a compra deve ser feita ou não. Essa decisão, como já explicitei, deve levar em consideração pelo menos três dos sete princípios fundamentais:

- princípio 1 – VALORIZAR: se o total gasto terá seu valor reconhecido pelos filhos, ou se o benefício da compra gerará efeitos por tempo suficiente para justificar tal gasto;
- princípio 2 – CELEBRAR: se o momento justifica ou não um presente ou uma aquisição, principalmente se esta não estava planejada;
- princípio 3 – ORÇAR: se você tem verba em seu orçamento para realizar tal desejo.

Quando chega a fase do ME DÁ UM DINHEIRO?, a reflexão sobre os três princípios acima deixa de ser suficiente. Até então, os pais eram os facilitadores para a realização de um desejo. Agora, a expectativa de ter dinheiro em mãos não significa simplesmente a realização de um desejo específico, mas sim a conquista de um nível de poder que até então as crianças não almejavam ter. Elas querem desejar e poder comprar sem depender dos pais.

É recomendável, a partir de então, adotar alguns ajustes no julgamento da opção de dar ou não dinheiro. A questão não está mais relacionada a presentear ou não, mas sim à oportunidade de desenvolver a independência e a responsabilidade dos filhos. Alguns questionamentos podem ser feitos para obter da criança o porquê da nova necessidade.

Diante de um ME DÁ UM DINHEIRO?, reaja com admiração, e não com desprezo. Questione o pedido. "Para que você quer dinheiro?" é uma pergunta que fará a criança repensar sua necessidade. Faça a criança entender que os pais têm dinheiro porque trabalham. Na verdade, enfatize que o motivo para trabalhar é justamente o de obter dinheiro. O desenvolvimento dessa idéia pode provocar uma longa e interessante conversa, que não pode ser desprezada. Quando a criança demonstra interesse pela vida adulta e pelo mundo, os pais devem estar preparados para estimulá-la a desenvolver sua imaginação e criatividade. Se ouvir dos pais algo como "isso não é assunto de criança", ela vai buscar outras fontes – nem sempre adequadas – para esclarecer suas dúvidas.

Alguns questionamentos podem ser bastante interessantes e profundos, por isso sugiro atenção ao escolher suas respostas. É comum que as crianças questionem se podem também trabalhar, ou se os pais dariam algum pagamento em troca de um serviço. Jamais associe a satisfação das necessidades de seus filhos a uma recompensa por trabalho. Crianças não trabalham para se sustentar, e não devem pensar em fazê-lo.

Jamais ofereça remuneração em troca de uma rotina doméstica executada por seus filhos, como lavar a louça, arrumar a cama ou manter seu armário arrumado. Ao fazê-lo, os pais estarão estimulando seus filhos a prostituir sua infância. Quando as crianças executam tais atividades, devem entender que estão simplesmente compartilhando as tarefas de manter o lar e os bens pessoais, auxiliando seus pais, que devem demonstrar com afeto sua gratidão por isso. O ideal é que, uma vez existente o hábito de oferecer mesada ou de pagar regularmente gastos com o lazer dos filhos, os pais se lembrem de incentivar o esforço dos filhos nos serviços domésticos, oferecendo prêmios eventuais por atividades não esperadas das crianças. Por exemplo, se o pai deixa de mandar lavar o carro para que a criança o faça, pode premiá-la por isso, em dinheiro. Divida com seu filho a economia feita, pagando a ele metade do que pagaria pelo serviço de um profissional. Da mesma forma, sugiro a prática de restringir parte da mesada como punição ou castigo por mau comportamento, ou quando a criança não honrar promessas de cumprir com suas obrigações individuais. Cuidado também para não associar o desempenho escolar à remuneração dos filhos. Escola não é atividade profissional! Se os filhos devem ser punidos, no âmbito financeiro ou não, é por não se dedicarem aos estudos como prometido. O fraco desempenho escolar pode ser decorrente de déficit de atenção e deve ser tratado adequadamente com um psicólogo.

É papel dos pais conscientizar as crianças de que eles, pais, trabalham para garantir a educação dos filhos e a qualidade de vida presente e futura da família. Chegará o momento na vida dos filhos em que, após concluírem seus estudos básicos, eles estarão aptos a trocar seu tempo e conhecimento por dinheiro.

Alguns filhos mais espertinhos encontrarão aí uma oportunidade de dispensar a escola, justificando que não têm vontade de trabalhar. Normal para uma criança. Mas isso exigirá uma postura firme dos pais em deixar claro que é justamente esse esforço conjunto de pais e filhos que garantirá aos rebentos a oportunidade de obter boas oportunidades de emprego e, conseqüentemente, de ganhar dinheiro no futuro. Os mesmos filhos espertinhos questionarão sua real intenção de trabalhar, provavelmente por não admirar a vida nada interessante que os adultos levam trabalhando.

Faça-os entender que trabalho não é uma imposição, mas sim uma opção para aqueles que estudam. Que muitos se vêem obrigados a trabalhar naquilo de que não gostam porque não aproveitaram ou não tiveram a oportunidade de estudar, enquanto aqueles que puderam estudar escolheram fazer aquilo de que gostam. "Mas para fazer o que eu gosto eu não precisarei de estudos..." dirá aquele filho que sonha em ser jogador de futebol, artista ou piloto de Fórmula 1. É o momento de esclarecer que mesmo um ex-atleta, um dia, precisará trabalhar ou ao menos administrar seu sucesso. Contraponha exemplos daqueles que não souberam administrar sua fortuna com histórias de ex-atletas bem-sucedidos.

Os exemplos são inúmeros, e você deve procurar explorá-los. Os jogadores Leonardo e Raí, após se aposentar de suas carreiras no futebol, criaram juntos uma fundação sem fins lucrativos para incentivar crianças pobres – sem acesso a estudo de qualidade – a crescer na vida com o futebol e com boa educação. O maior ídolo do automobilismo brasileiro, Ayrton Senna, já era um grande empresário antes mesmo de pensar em se aposentar. O mesmo aconteceu com Ronaldo, o maior artilheiro das Copas do Mundo. O nadador Gustavo Borges, o maior medalhista olímpico brasileiro, conduziu toda a sua carreira de atleta em paralelo a sua formação como economista, para também se tornar empresário ao se aposentar.

Esses são apenas alguns exemplos que certamente inspirarão as escolhas de seus filhos.

O cofrinho voltou à moda

Um instrumento financeiro comum na infância daqueles que cresceram nos anos 1970 e 1980 voltou à moda. Você deve ter notado como é comum encontrar um cofrinho nas ruas das cidades, principalmente com o simbólico e charmoso formato de porquinho rechonchudo. O cofrinho havia desaparecido de nossa vida por causa da elevada inflação no fim dos anos 1980 e no começo dos anos 1990, que fazia com que em poucas semanas as desprezadas moedinhas tivessem valor apenas para colecionadores.

Independentemente do formato (claro que qualquer um prefere o porquinho), o cofrinho é um interessante instrumento de educação financeira. Faz do hábito de poupar uma diversão, um assunto descontraído entre pais e filhos. Qual você acredita ser a preferência de seu filho: ter uma caderneta de poupança no banco ou ter um cofrinho para chacoalhar suas moedas de vez em quando?

Quando o dinheiro é apertado, como é comum entre crianças e adolescentes, qualquer moeda conta. Enquanto adultos tendem a desprezar pequenos valores, a chance de encher o cofrinho significa para a criança a primeira oportunidade na vida de sonhar com a realização de conquistas financeiras e de colher os frutos da disciplina cultivada durante alguns meses.

Se os pais souberem dar a devida importância ao instrumento, ele será verdadeiramente cultuado pelos filhos. O uso do cofrinho valoriza nos jovens o princípio 2 (CELEBRAR) e o princípio 6 (NEGOCIAR). A forma correta de usá-lo é planejar a celebração de quebrá-lo quando estiver cheio, ótima oportunidade para uma festa em família. Proponha aos filhos um dia para a quebra do cofrinho, como o Dia das Crianças ou a véspera de Natal, para que comprem um presente a mais nesse dia, ou então para que façam um passeio diferente. Valorize o esforço de poupar, pequeno em comparação ao benefício obtido.

Conheço adultos que tiveram sua infância tão marcada pela prática do cofrinho que fazem questão de mantê-la até hoje. Há alguns meses, ministrando um curso para funcionários de um grande banco em São Paulo, uma das participantes contou orgulhosa sobre o "cofrinho" que ela costuma manter com o marido. Segundo ela, desde que se casaram, eles mantêm em casa um garrafão onde são depositadas, quase diariamente, as moedinhas que sobram no bolso. No início de cada ano, eles viram o garrafão sobre a mesa e, somente com o dinheiro disponível, fazem uma viagem a dois. O hábito resultou, no primeiro ano de casados, numa simples viagem de um dia ao litoral. Mas eles gostaram tanto da diversão que passaram a preferir trocos em moedas para incentivar o enchimento do garrafão. No último ano, haviam feito uma viagem de três dias com hospedagem em hotel e refeições incluídas!

Se mesmo adultos que têm acesso a bons serviços bancários maravilham-se com a diversão que um cofrinho traz, imagine o bem que ele fará à vida de seus filhos!

Mesada: o melhor instrumento?

Dinheiro é uma boa ferramenta para desenvolver o caráter e as habilidades para a vida. As práticas da mesada ou da semanada são, portanto, boas ferramentas de educação financeira, mas não são as únicas nem devem ser entendidas como essenciais para a boa formação dos filhos. Não há uma opinião definitiva entre especialistas do comportamento sobre a prática da mesada ser ou não um diferencial positivo na educação financeira. Dos adultos que conheço e que lidam adequadamente com suas finanças, há tanto aqueles que cresceram sem nunca receber mesada quanto os que tiveram sua infância marcada pela disciplina com o próprio dinheiro. Uma prática, isoladamente, não transformará o raciocínio de seus filhos.

Recusar-se a dar mesada não fará de você um mau pai ou uma má mãe, desde que você inclua os filhos nas atividades de orçamento da família e entenda os benefícios e as lições obtidos do uso cotidiano do dinheiro. De qualquer forma, adotar a mesada pode simplificar a abordagem dos pais quanto ao dinheiro, pois será uma motivação prática para discutir com seus filhos os sete princípios fundamentais que propus no capítulo 4.

Muitas crianças não sentem necessidade de administrar o próprio dinheiro e preferem a flexibilidade de pedi-lo quando precisarem. Essa preferência somente deixa de ser ideal quando chega a adolescência, época em que os filhos já não querem prestar contas a seus pais de tudo o que gastam e como gastam. Pela própria formação dos esquemas mentais do cérebro das crianças, algumas tenderão a ser menos cuidadosas que outras. É justamente para os casos em que o trato com o dinheiro parece estar fora de controle ou sem noção de limites que se recomenda a prática da mesada, mesmo que o assunto tenha de partir dos próprios pais. É uma exceção à regra, pois, normalmente, a proposta de receber mesada partirá dos filhos, por influência de colegas. Se a prática é comum entre as crianças que convivem com seus filhos, dificilmente você conseguirá demover tal idéia da cabeça deles. Por outro lado, para que a estratégia da mesada funcione, os pais precisam ser organizados, adeptos a rotinas e confiáveis para fazer pagamentos em dia.

O que é a mesada?

A mesada e a semanada não são presentes. São pura e simplesmente ferramentas de educação financeira. Sua adoção deve ser feita com critérios, após razoável reflexão entre os pais e negociação com os filhos. Se o assunto surgir repentinamente a pedido das crianças, evite tomar alguma decisão sem antes pedir tempo para pensar no assunto e conversar a sós com seu companheiro.

A criança deve entender que o direito de decidir sobre o dinheiro é um ato de responsabilidade importante e merecido, ao qual ela fará jus se demonstrar um grau de amadurecimento compatível com tal responsabilidade. Qualquer outra interpretação é equivocada, devendo ser descartada pelos pais para não desvirtuar a ferramenta.

Em caso de dúvida sobre qual escolha adotar quando surgir qualquer questão relacionada à mesada, reflita sobre como aconteceria com seu salário se a mesma situação surgisse no cotidiano dos adultos. Quando você sentar para discutir com seu companheiro ou com seus filhos sobre a mesada, tenha em mente que:

- **A mesada não deve ser interpretada como recompensa por serviços prestados** – um dos maiores valores da família é justamente o vínculo mútuo totalmente destituído de interesses materiais. O amor em família é puro, ou deveria ser. Amamos nossos pais simplesmente porque eles são nossos pais, tendo transformado sua vida para nos cuidar. Associar o direito a uma recompensa financeira às responsabilidades domésticas e ao bom comportamento significa profissionalizar ou mercantilizar o amor familiar. Isso terá como provável conseqüência o enfraquecimento dos laços familiares e do afeto mútuo.
- A mesada não deve ser usada como instrumento de chantagem por parte dos pais – não se deve condicionar o recebimento ou não da

mesada ao atendimento de expectativas dos pais, como não tatuar o corpo, não sair com determinado grupo de pessoas ou passar a freqüentar determinado curso. Em vez de educar seus filhos, você os estaria comprando, e isso poderia resultar, futuramente, em profunda revolta dos filhos em relação à mesada. Outro resultado indesejado pode ser a busca dos filhos por uma fonte de renda, mesmo que através de serviços menos qualificados, simplesmente para "provar" aos pais que podem viver sem depender de suas chantagens.

- A mesada não deve ser interpretada como prêmio por boa educação – condicionar ao comportamento desejado o recebimento da mesada é outra forma de chantagear os filhos. Ela deve ser aprovada pelos pais se eles entendem que seus filhos já estão maduros para administrá-la – e isso não tem a ver com bom ou mau comportamento. Se os pais desejam expressar seu reconhecimento pelo bom comportamento, podem oferecer algo como um bônus, uma mesada adicional ao fim de um ano em que os filhos demonstraram amadurecer suas atitudes além do que era esperado deles.
- Mesada não é presente nem caridade dos pais – mais uma vez, enfatizo o papel da mesada como reconhecimento do grau de responsabilidade dos filhos. Dar mesada significa transferir aos filhos uma responsabilidade que era dos pais. Se os pais consideram isso um presente, é um presente de grego. Uma vez que a mesada é a incorporação de um novo ato na rotina dos filhos – o ato de responsabilidade sobre o dinheiro –, tratá-la como um presente seria o mesmo que menosprezar o princípio 2, segundo o qual celebrações servem para quebrar a rotina. Seria o mesmo que presentear seus filhos com uma escova de dentes nova pelo fato de eles terem aprendido a escovar os dentes sozinhos. Não confunda essa orientação com a idéia de presentear em dinheiro: se seu filho sonha em adquirir um videogame e está juntando dinheiro para isso, você

pode ajudá-lo a encurtar o caminho com um presente monetário. Mas não faça dessa opção uma rotina, para o bem de seus filhos e para valorizar o significado dos presentes (lembre-se e faça seus filhos se lembrarem do princípio 1 – VALORIZAR).

- **A mesada não deve ser imposta aos filhos** – tenha consciência do impacto que o poder de administrar o próprio dinheiro tem na vida de seus filhos. Aguarde o momento certo de eles conferirem o devido valor a esse poder. Se a demanda não surgir das crianças, não deve ser imposta pelos pais, como se fosse um castigo. Pais que percebem certa falta de controle dos filhos em relação ao consumo e ao uso de celulares, por exemplo, podem sugerir a eles a possibilidade de administrar sua própria verba. É improvável que filhos com tendência a consumir rejeitem tal proposta; o normal é que a recebam com gratidão.
- **O valor da mesada deve ser negociado, e não definido pelos pais** – uma vez que os pais estão concedendo um grau maior de responsabilidade aos filhos, nada melhor do que aproveitar a oportunidade para conhecer as expectativas destes sobre necessidades pessoais e consumo. Se os pais decidirem impor certo valor para a mesada, estarão subjugando a capacidade dos jovens de determinar qual nível de gastos é razoável para uma convivência social mínima desejada. Ouça seu filho nesse quesito, negocie com ele. Provavelmente você vai se surpreender!

Mesada ou semanada?

A rotina mais simples das crianças, feita de compromissos mais previsíveis e menos preocupantes que os dos adultos, faz com que a percepção da passagem do tempo seja mais lenta que a de seus pais. Li uma vez, pichado na parede de um banheiro público, que a vida é como um rolo de papel higiênico: quanto mais perto do fim, mais rapidamente se vai – infelizmente o filósofo preferiu manter-se anônimo ou não citar sua fonte. É por essa razão que as crianças se mostram muito ansiosas ao esperar por uma ida ao parque no fim de semana, ou pelo fim das aulas. O mesmo tempo que passa voando na percepção dos pais demora uma eternidade na dos pequenos.

Em razão dessa diferença de ritmo biológico, a prática da semanada – pagamentos semanais em vez de mensais, como sugere o termo *mesada* – é recomendada para filhos mais jovens, por ser mais eficiente em termos de expectativas. Quando as crianças são menores, seus compromissos são tipicamente semanais: o lanche na escola, a compra das figurinhas, a visita à *lan-house* ou ao cybercafé, a freqüência de compra de pequenas bijuterias e a moedinha da semana no cofrinho. Conceder um pagamento mensal e fazê-los administrar uma rotina que se repete a cada semana dificultará suas escolhas e tenderá a criar frustrações. Enquanto não amadurecem, estarão muito mais propensos a gastar por impulso logo que receberem, conduzindo à falta de dinheiro nas semanas seguintes.

Essa orientação vale não somente para os filhos, mas também para os pais. Se você faz um controle mensal de gastos (deveria fazer!) e mesmo assim fecha o mês no vermelho, deveria começar a fazer seu controle quinzenalmente. Se não der certo, aumente a freqüência para semanalmente, até adquirir maior disciplina com o dinheiro.

A mesada passa a ser recomendada quando a freqüência dos compromissos diminui e quando eles começam a ficar mais pesados. Pais que praticam a semanada devem propor a concentração do pagamento a cada quinze ou trinta dias quando os filhos começam, por exemplo, a marcar baladas a cada quinze dias, quando começam a querer comprar suas próprias roupas (não farão isso todas as semanas) ou quando começam a encher o tanque do carro, pagar sua academia ou sua escola.

Ao longo das páginas deste livro, refiro-me freqüentemente à mesada, mas entenda tal expressão como o nome genérico dessa ferramenta de educação financeira. As idéias referentes à mesada aplicam-se igualmente à semanada ou à "quinzenada".

Como negociar a mesada

O valor ideal para a mesada de seus filhos está diretamente associado ao padrão de vida da família. Por isso, não existe uma regra do tipo "crianças de até 6 anos devem receber 5 reais por semana", ou "aumente 10% da mesada a cada ano". Se seus filhos estiverem matriculados em escolas de classe média alta, os colegas provavelmente terão hábitos de gasto com lanches, moda e diversão compatíveis com o padrão de vida médio do grupo, conforme abordei no capítulo 2. Daí a importância de todos os pais buscarem decidir, em conjunto, orientações comuns para os filhos.

Impor um valor de mesada abaixo do padrão de consumo dos colegas de seus filhos pode criar a frustrante sensação de exclusão dos hábitos do grupo, e não há nada pior que isso para uma criança ou um adolescente. Uma mesada muito generosa, por sua vez, pode desenvolver um comportamento perdulário e pouco responsável – será fácil, para seu filho, realizar conquistas que são mais árduas para seus colegas.

Por isso, sugiro um valor negociado. Quando seus filhos pedirem uma mesada, ou então quando você sugeri-la a eles, proponha uma conversa mais longa para discutir a idéia. Seja compreensivo e ouça o que eles têm a dizer. De sua parte, esclareça os problemas que podem surgir ao assumir compromissos. "Se você quiser assumir seus gastos, lembre-se de que terá menos flexibilidade de escolha." "Quando você me pede dinheiro, eu posso ajudá-lo a avaliar se sua compra é boa para você ou não, mas, com a mesada, você terá que decidir sozinho; está preparado para isso?"

Outro motivo para a mesada não ser generosa é a necessidade de desenvolver o princípio 3 (ORÇAR). Façam juntos uma estimativa da quantia adequada, deixando claro para seus filhos que sua fonte de renda é limitada e, por isso, você não pode dar um valor qualquer nas mãos deles. Eles precisam saber que terão uma limitação parecida com a que você tem, e administrar isso será a parte deles no acordo.

O exemplo a seguir explica melhor o que quero dizer. Peça a seus filhos que descrevam como gastariam a mesada. Após a tarefa, suponhamos que seu filho tenha feito a seguinte lista de seus possíveis gastos semanais:

– Cinco lanches de R$ 3,00 na escola (1 por dia de aula)	=	R$ 15,00
– Um doce na cantina da escola, às sextas-feiras	=	R$ 1,00
– Cinco envelopes de figurinha por semana (R$ 1,50 cada)	=	R$ 7,50
TOTAL POR SEMANA	=	**R$ 23,50**

Pela proposta de seu filho, a semanada seria de R$ 23,50, ou um total de R$ 94 para um mês de quatro semanas. Na negociação, proponho limitar parte das expectativas e incluir itens esquecidos pela criança. Ela inclui gastos com figurinhas, mas esquece que, para comprar outro álbum futuramente, terá de poupar. Ainda que você decida presenteá-la com um álbum depois, é melhor ela pensar que terá de comprá-lo. É importante, também, incluir uma verba para realizar sonhos maiores, incentivando seu filho a poupar parte da mesada num cofrinho. Não se esqueça de ter sempre uma opção a oferecer em troca de uma necessidade de seu filho; se ele não julgasse determinado item necessário, não o incluiria na difícil e nova tarefa de negociar com os pais.

As seguintes perguntas são algumas das que podem fazer parte da negociação de uma semanada.

"Os R$ 3,00 por lanche incluem um refrigerante por dia, o que é ruim para sua saúde. O que você acha de levar um suquinho de casa e gastar apenas R$ 2,00 por lanche?"

"Se você faz questão do refrigerante, que tal incluí-lo em apenas dois dias da semana?"

"R$ 23,50 por semana é muito dinheiro (uma criança concordará com isso). Que tal comprar apenas três lanches por semana na escola e levar os outros dois de casa, para poder garantir suas figurinhas?"

"O que você acha de levar lanche de casa pelo menos um dia por semana, às segundas-feiras?"

"Que tal levar seu doce de casa, já que você pode escolhê-lo no supermercado?"

"Que tal tentar incluir uma verba para poupar no cofrinho para que, nas férias, você possa comprar algo interessante?"

"Você concordaria em comprar apenas quatro envelopes de figurinha por semana, para fecharmos um valor que eu consiga lhe dar?"

Durante a negociação, você notará quais itens do orçamento são mais importantes para seu filho. Talvez ele bata o pé para não abrir mão de comprar um envelope de figurinhas por dia, principalmente se esse for um hábito consolidado entre os colegas. Pode ser mais fácil demovê-lo da idéia de comprar o lanche na escola – uma vez que ele tem a *opção* de trazê-lo de casa – do que eliminar um importante item de conversa nas rodinhas de amigos. É ótimo que ele valorize o convívio social.

Feita a negociação, um orçamento como o seguinte poderia ser proposto a seu filho.

– Dois lanches de R$ 3,00 na escola	=	R$ 6,00
– Dois lanches de R$ 2,00 na escola	=	R$ 4,00
– Verba para o cofrinho, para gastar no que tiver vontade	=	R$ 2,50
– Cinco envelopes de figurinha por semana	=	R$ 7,50
TOTAL POR SEMANA	=	**R$ 20,00**

Perceba que, na nova proposta, você está oferecendo a seu filho R$ 10 semanais para o livre-arbítrio dele. A alimentação é uma necessidade, por isso a verba a ela destinada dificilmente deixará de ser consumida. Mas os gastos com lazer podem ser dosados. Com o tempo, seu filho pode perceber o poder de realizar sonhos que um cofrinho tem e optar por diminuir a freqüência de compra das figurinhas. As crianças mais empreendedoras tenderão a treinar horas e horas para, por exemplo, ganhar mais figurinhas no jogo de bafo em vez de ter de gastar para consegui-las.

Mesada maior, mais responsabilidade – e vice-versa

Pais tendem a ver seus filhos sempre como crianças, o que é um problema quando essas "crianças" não querem mais se sentir como tal. À medida que seus filhos crescerem, as necessidades de uso do dinheiro crescerão também, mas provavelmente num ritmo maior do que você desejaria.

A conversa para negociar a mesada, que propus no item anterior, deve ser repetida de tempos em tempos, talvez no início de cada ano letivo. É após o início das aulas que os filhos conhecem novas modas, escolhem novas rotinas e reconhecem os novos hábitos sociais do grupo.

Bugigangas da moda, como celulares, iPods e videogames, trarão gastos adicionais e recorrentes: conta telefônica, assinatura de serviços, *downloads*, jogos etc. Seus filhos provavelmente desejarão tanto adquirir as novas bugigangas quanto mantê-las atualizadas. Prato cheio para deixar os pais malucos. Com o aumento de gastos semanais, a negociação da mesada deve preferencialmente incluir os custos de manutenção desses caprichos, deixando a cargo dos filhos a escolha sobre suas prioridades.

Nenhum valor é elevado para a mesada, desde que os pais cuidem de negociar adequadamente com os filhos e de fazer um acompanhamento regular desses gastos. Se os filhos já adolescentes querem assumir gastos maiores com baladas, viagens e roupas, devem ter consciência de que tais gastos ficam praticamente inviáveis nos meses em que acontecem seus outros gastos prioritários – como matrícula na escola, livros e outros materiais escolares. Por que não oferecer, a filhos que entram na faculdade, a oportunidade de administrar todos esses gastos, propondo uma mesada suficiente para pagar a escola e os materiais e, nos meses sem esses últimos, também o lazer? Essa postura não só ajuda a desenvolver a maturidade dos jovens como também começa a construir um histórico de relacionamento bancário mais sólido para os que optam por abrir conta em banco – uma atitude bastante recomendável.

Lembre-se de que, na adolescência, os filhos buscam romper aquela aura de infantilidade associada à mesada e ao comportamento paternalista. Esteja preparado para provar que também deseja essa independência e maturidade e para enfatizar que a mesada representa justamente isso. A grande dificuldade da adolescência é que ela não acontece de uma vez; seus filhos desejarão sentir-se adultos, mas sofrerão com a exposição de sua fragilidade causada pela natural diminuição da proteção oferecida pelos pais. Eles sonham com isso, mas às vezes desejam voltar a sentir-se como crianças protegidas. As palavras de ordem para os pais, nessa fase, são: disciplina, companheirismo e incentivo.

A fase da faculdade é especialmente crítica, pois os filhos ainda dependem dos pais (pelo menos da aprovação deles para novas experiências), mas já começam a sonhar com caminhos mais ousados para sua vida e para seu apertado orçamento. São tentados a fazer cursos de idiomas e de especialização e a participar de programas de intercâmbio no exterior. Sonham também em ter mais independência de locomoção, ou seja, querem definitivamente ter um carro.

Tudo isso deve ser incluído na mesada? Talvez não seja boa idéia. Em nossa cultura, espera-se que os pais se esforcem para garantir a formação dos filhos. A mesada significa simplesmente a transferência das decisões sobre essa obrigação para os jovens. Itens como carro, cursos extras e viagens são importantes complementos à formação que, se o orçamento da família permitir, podem ser oferecidos como presentes e bonificações pelo esforço dos filhos. Sugiro, entretanto, que tais benefícios sejam propostos pelos pais como metas a serem alcançadas com o próprio esforço pessoal, por meio da acumulação de uma poupança, por exemplo.

Chegará a hora em que seus filhos começarão a trabalhar ou a fazer estágio em empresas, passando a receber de fora da família sua primeira renda estável e independente. Esse momento será o ideal para substituir gradualmente a mesada pela própria renda dos filhos. A conta a fazer é simples: quando a renda obtida do trabalho for superior à da mesada, esta deve deixar de existir. Enquanto isso não acontecer, uma deve complementar a outra.

Empréstimos e investimentos

Muitos dos adultos que sabem usar os serviços bancários de maneira responsável aprenderam a fazê-lo depois de cometer erros graves e perder boa parte de seus recursos para os bancos. Um exemplo comum é a compra da casa própria por um financiamento de vinte anos. A sensação de quitar o plano é maravilhosa, mas invariavelmente traz a constatação de que o mutuário pagou muito mais do que a casa valia. É muito comum, em meu trabalho como consultor, atender pessoas que decidiram dar um basta em suas dívidas e virar a mesa para começar a construir riqueza. Até tomarem tal atitude, muitos já entregaram aos bancos um patrimônio superior ao que declaram no Imposto de Renda.

Para evitar que seus filhos passem também por experiência tão desgastante quanto desnecessária, é possível criar desde cedo motivações para que rejeitem os juros dos empréstimos e busquem os juros dos investimentos. Basta que você:

1. permita a seus filhos lidar com dinheiro;
2. dê motivos suficientes para que eles rejeitem a possibilidade de pedir dinheiro;
3. incentive-os a entender que juros recompensam poupadores (princípio 4).

A prática da mesada atende ao quesito 1 mostrado acima. As duas outras orientações podem ser tiradas de lições que se baseiam exatamente nos procedimentos contratados junto aos bancos quando você investe ou toma dinheiro emprestado. Se seus filhos quiserem algo que não podem comprar, podem recorrer a uma ajuda, mas devem pagar por isso. Se seus filhos abrirem mão de usar um dinheiro que têm para emprestá-lo a quem faça bom uso dele (ou seja, se investirem num "banco"), deverão ser recompensados por tamanha força de vontade.

Suponhamos que seu filho queira muito que você compre determinado brinquedo que ele acaba de ver na vitrine de uma loja. Ele já havia expressado seu profundo desejo pelo tal brinquedo em casa, ao vê-lo num comercial na televisão. Agora, diante da oportunidade de obtê-lo, não há santo no mundo que convença a criança a deixar o shopping sem aquele que ela promete ser o maior sonho de consumo de toda a sua vida. Não faltarão motivos: todos na escola têm, é muito mais legal que todos os outros brinquedos juntos e, se tiver de esperar até o Dia da Criança, ela será a única de toda a turma sem o tal brinquedo. É o que acontece com álbuns de figurinhas, tênis da moda e tudo o que tem a estampa do desenho da moda da televisão.

Infelizmente, manias como essas surgirão, provavelmente, a cada ano da vida escolar de seus filhos. Inclusive até o fim do ensino médio, quando os brinquedos dos sonhos cedem lugar às maravilhas tecnológicas dos sonhos, com preços inversamente proporcionais a seu tamanho. Não parece justo privar seus filhos de incluir-se nas verdadeiras tribos da moda que se formam nas escolas. Para respeitar o princípio 2 (celebrações quebram a rotina), só se os filhos tiverem a felicidade de comemorar o aniversário poucos dias após o início das aulas.

Mas, se você já praticar a mesada entre seus filhos, ela pode ser explorada como referência para a realização de sonhos. Conforme expliquei no item anterior, é recomendável que a mesada preveja alguma verba para a realização de pequenos sonhos futuros. É dessa verba que seus filhos devem tirar recursos para obter presentes não justificados por alguma celebração ou por merecimento.

Se o desespero pelo "maior sonho da vida" de seus filhos surgir antes de eles conseguirem ter a verba suficiente para realizá-lo, você pode propor um sacrifício financeiro para antecipar a conquista. Proponha, por exemplo, a antecipação de algumas mesadas ou de parte delas, em troca de um pequeno desconto no valor total. Não importa a taxa de juros embutida na conta proposta, mas sim que o desconto seja perceptível e incômodo.

Suponhamos que seu filho queira comprar algo que custe 30 reais, tendo em seu cofrinho apenas 15 reais acumulados, e que vocês tenham um acordo de mesada baseado no exemplo que citei anteriormente:

– Dois lanches de R$ 3,00 na escola	=	R$ 6,00
– Dois lanches de R$ 2,00 na escola	=	R$ 4,00
– Verba para o cofrinho, para gastar no que tiver vontade	=	R$ 2,50
– Cinco envelopes de figurinha por semana	=	R$ 7,50
TOTAL POR SEMANA	=	**R$ 20,00**

Falta, para seu filho realizar o sonho, uma verba complementar de 15 reais a ser antecipada por você. Isso significa que, comprando o item desejado, você antecipará a seu filho o valor equivalente a uma das seguintes alternativas, entre outras:

6 semanas de verba para o cofrinho (6 × R$ 2,50)

ou

2 semanas de verba para figurinhas (2 × R$ 7,50)

ou

3 semanas de verba para o cofrinho e 1 semana de verba para figurinhas (3 × R$ 2,50 + R$ 7,50)

ou

1 semana e meia de lanches (1,5 × R$ 10,00), que ele terá de levar de casa

ou

1 semana de lanches e 2 semanas de verba para o cofrinho (R$ 10,00 + 2 × R$ 2,50)

Se você simplesmente abater o valor antecipado das mesadas seguintes, não estará criando a incômoda sensação de perda que os juros causam. Pelo contrário, estará incentivando seu filho a antecipar o consumo, pois para ele não haverá diferença entre receber a mesada hoje ou nas semanas seguintes. Por isso, sugiro o desconto, substituindo as alternativas anteriores por algo como o apresentado nas seguintes alternativas:

7 semanas de verba para o cofrinho (R$ 17,50)

ou

2 semanas de verba para figurinhas e 1 semana de verba para o cofrinho (R$ 17,50)

ou

4 semanas de verba para o cofrinho e 1 semana de verba para figurinhas (R$ 17,50)

ou

2 semanas de lanches (R$ 20,00), que ele terá de levar de casa

ou

1 semana de lanches e 3 semanas de verba para o cofrinho (R$ 17,50)

Não perca, sob nenhuma hipótese, a oportunidade de praticar a matemática já aprendida na escola, explicando detalhadamente a diferença entre o valor gasto e o que seu filho vai pagar. Ele sem dúvida se sentirá incomodado, mas esclareça que isso é exatamente o que o banco faz com seu dinheiro quando você tem de pagar contas que não estavam previstas nos planos da família (inclusive a antecipação de mesada para os filhos). Seu filho ficará incomodado e provavelmente reclamará, mas é certo que vai refletir bastante sobre essa lição.

Alguns cuidados devem ser tomados para que a lição seja adequadamente aproveitada. Evite prazos longos, como a sugestão das sete semanas de verba para o cofrinho. Como a percepção do tempo é mais lenta para as crianças, a diluição excessiva em várias parcelas pode fazer com que a "multa" imposta pelos juros passe despercebida. Exatamente como acontece quando você financia uma casa por vinte anos e não percebe que paga ao banco quase três casas. A taxa de juros também deve ser escolhida com cuidado; não deve ser pequena a ponto de passar despercebida, nem grande demais a ponto de extorquir seu filho. O que vale é a lição, e não o preço dela.

Uma vez entendida a lição, ou até mesmo antes que aconteça a necessidade de praticá-la, recomendo que você aproveite algum momento em que o assunto com seu filho seja "dinheiro" e proponha a ele um plano vantajoso para realizar algum sonho. Se seu filho deseja intensamente algo, mas demonstra paciência para adquiri-lo dali a algumas semanas, você pode incentivá-lo a *investir*. Aproveitando o mesmo exemplo anterior, em que seu filho já tem 15 reais dos 30 reais necessários para a compra, proponha a ele, por exemplo, que poupe os 2,50 reais semanais por mais quatro semanas, prometendo completar os 5 reais restantes como prêmio pela disciplina. As ressalvas quanto ao prazo (não demasiadamente longo) e quanto à taxa de juros (sem exageros) também valem para esse exercício.

Nos casos em que o sacrifício pessoal for maior, premie com juros também maiores, o que aumentará o prazer da conquista. Fazendo esse tipo de proposta com alguma freqüência, você estará formando desde cedo um verdadeiro investidor, que dificilmente cairá nas armadilhas do crédito fácil.

Orçamento e mesada

As estratégias que aproveitam a prática da mesada para incentivar investimentos e desestimular os financiamentos são práticas e eficientes para reforçar, de uma vez, quatro dos seis princípios fundamentais para a educação financeira de seus filhos. São eles: o princípio 2 (CELEBRAR), o princípio 3 (ORÇAR), o princípio 4 (INVESTIR) e o princípio 6 (NEGOCIAR). Perceba como as oportunidades de ensinamento são ricas mesmo no cotidiano das crianças.

Mas uma das atividades essenciais para a boa organização financeira, o planejamento orçamentário (princípio 3), é simplesmente abominada por muitos adultos. Praticar um orçamento é conhecer com razoável precisão os hábitos de gastos pessoais ou familiares e reservar antecipadamente uma verba adequada para a sua manutenção. Quem faz seu controle pessoal em planilhas pode estimar os gastos previstos em cada item para o mês seguinte e analisar se, com aquela projeção, as metas de sobra financeira serão atingidas. Caso contrário, vai cortar alguns gastos para obter sucesso em suas metas.

Parece simples, mas é o tipo de atividade que, se não for praticada desde cedo, dificilmente será colocada em prática. Toma tempo, não diverte e exige uma racionalização incômoda da vida. Só é fácil racionalizar e agir com disciplina quando isso é parte consolidada da rotina. Quem nunca arrumou a roupa de cama ao se levantar será extremamente dependente de uma empregada doméstica em casa. Quem sempre se alimentou com comidas semiprontas ou em restaurantes sofrerá até aprender a preparar o próprio alimento. Da mesma forma, se você não educar seus filhos para controlar seus recursos, eles demorarão mais a aprender na vida adulta.

Não pense em colocar seus filhos diante de uma planilha eletrônica para preencher os campos de gastos mensais. Para eles, computadores servem para jogar, contatar amigos e fazer pesquisas, atividades bem mais interessantes que controlar gastos. Por isso, sugiro dois mecanismos mais simples para condicioná-los sem maior esforço.

O uso de envelopes – *Aposentados, pensionistas e trabalhadores de baixa renda costumam sacar no início do mês todo o dinheiro que recebem. Entre* *eles, é comum uma das formas mais simples de praticar o orçamento: a separação de contas por envelopes. Assim que recebem seu escasso dinheirinho, tratam de dividir em vários envelopes as verbas já comprometidas: envelope das contas da casa, do mercado e da feira, das prestações a pagar, do aluguel e envelope dos remédios, entre outros. À medida que o dinheiro se faz necessário, retiram a verba do envelope que tem os fundos para aquela necessidade. Com o passar do mês, os envelopes vão se esvaziando e a própria percepção da aproximação da dificuldade faz com que eles evitem ou posterguem as compras com menos verbas disponíveis. É exatamente o que se esperaria de quem faz complexos controles em planilhas eletrônicas repletas de fórmulas matemáticas. Uma maneira de conscientizar ou, ao menos, adaptar seus filhos para o uso administrado do dinheiro é entregar a mesada dividida em envelopes com etiquetas descrevendo o destino de cada verba: envelope do lanche, envelope das figurinhas, envelope do DVD, envelope da poupança mensal etc. Tal prática é especialmente recomendada quando a mesada é de fato mensal. Contudo, um aspecto negativo do uso de envelopes é a passividade da disciplina: seus filhos podem ficar dependentes de alguém que lhes organize as contas todos os meses. Para evitar esse problema, faça do pagamento da mesada uma espécie de ritual: sente-se à mesa com seus filhos e oriente-os a dividir eles próprios sua mesada entre os gastos que serão priorizados na semana ou no mês que se inicia.*

A prestação de contas – *Outra forma de obter de seus filhos um controle pessoal de gastos é exigir deles uma prestação regular de contas. Como é comum que amigos falem muito comigo sobre dinheiro, uma amiga contou-me há algum tempo que acreditava que sua forte disciplina em relação ao dinheiro devia-se a uma exigência feita por seu pai durante toda a sua adolescência. A pedido dela, ele aceitara pagar uma mesada regular, mas exigira apenas uma condição: que, a cada mês, ela lhe entregasse uma* *relação de como havia gastado o dinheiro. Segundo minha amiga, todos os meses ela fazia sua lista com um bocado de má vontade e alguma mentirinha de vez em quando – perfeitamente normal para uma adolescente. O pai não questionava a qualidade dos gastos, como, por exemplo, se ela devia ou não comprar um kit de maquiagem. Mas fazia questão de destacar se algum item freqüente, como alimentação fora de casa, havia saído da média naquele mês. O tal controle foi motivo de certo mau humor em situações eventuais, principalmente ao começar a namorar. Mas, com o tempo, ela incorporou o controle a sua rotina de tal maneira que, quando se deu conta, há muito ela já trabalhava e não dependia mais de recursos de seu pai, mas ainda mantinha o mesmo hábito de anotar todos os gastos.*

Ferramentas dos bancos e outras instituições

A educação financeira, ainda rara nas escolas, deve ser entendida como uma obrigação moral dos pais com seus filhos. Mas isso não significa que a missão de educar um jovem para as finanças deve recair totalmente sobre as costas de pais e mães. Mesmo fora da escola, há instituições movendo-se para cativar famílias que aprenderam a ver seu futuro com maior preocupação e perceberam no dinheiro boa parte da solução.

No mercado financeiro, os bancos, ainda tachados por parte da mídia de vilões da economia, correm na contramão dessas opiniões oferecendo uma avalanche de informações e boas ferramentas de educação financeira. Não é caridade. É a oportunidade de um mercado em transformação, em que consumidores sedentos por serviços de maior qualidade estão analisando suas alternativas. Grandes bancos estão investindo milhões na adequação de seus serviços, de seus profissionais e de suas cartilhas informativas, visando disputar a preferência dos clientes de um mercado muito rentável e importante para a sociedade. Finalmente, a classe média brasileira descobriu que, enquanto trabalha para enriquecer seus patrões, pode contar com os bancos para multiplicar suas economias.

Na disputa dos bancos pelos primeiros lugares do mercado, quem ganha são os clientes, com serviços cada vez mais diferenciados, inovadores, eficientes e simples. E um dos segmentos que os bancos estão procurando atender com mais qualidade é o de crianças e jovens. Faz todo o sentido. Se um jovem tiver conta aberta em determinado banco desde criança, já terá certo vínculo afetivo e poucos motivos para buscar outra instituição, pois estará habituado a utilizar serviços de menor complexidade. Quando começar a obter sua própria renda e a se preocupar mais com a qualidade dos serviços bancários, terá, na sua percepção, pouco tempo para analisar alternativas de outros bancos e pensar em mudar para outros serviços. Por esse critério de conveniência, cativar jovens significa garantir uma carteira de clientes estável por muitos anos.

É isso que tem feito da oferta de serviços exclusivos para jovens e universitários um filão atraente para essas empresas, trazendo para clientes "virgens nas finanças" alternativas muito interessantes para aprender a fazer bom uso de seu dinheiro. Veja a seguir alguns dos serviços que podem ajudar bastante na tarefa de educar seus filhos.

Conta-corrente e caderneta de poupança

Os bancos só permitem a abertura de conta-corrente e emissão de cheques e cartão de crédito e débito para pessoas com mais de 16 anos de idade, ou seja, responsáveis perante o Código Civil. Mesmo se fosse possível incluir um filho menor como co-titular de uma conta-corrente conjunta, as normas do mercado de crédito não permitem a utilização de instrumentos de crédito (como cheques e cartões) por pessoas que não tenham atingido a maioridade legal. Antes dessa idade, a única forma de fazer o dinheiro dos filhos transitar pelos bancos é por meio das cadernetas de poupança.

A abertura de uma caderneta de poupança é simples, pode ser feita em nome de qualquer pessoa, de qualquer idade e sem nenhuma exigência de renda mínima. Uma de suas grandes vantagens é a isenção de cobrança de tarifa, exigência legal para esse tipo de conta. Por causa disso, alguns bancos não abrem cadernetas de poupança para clientes que ainda não mantenham conta-corrente na instituição. O investimento mínimo a ser feito na abertura de uma poupança é de 50 reais.

Os maiores bancos oferecem algumas conveniências bastante interessantes para usuários da poupança. Uma delas é a possibilidade de saque por cartão de débito, o que faz dessa uma alternativa atraente para o pagamento de mesada. Os pais podem depositar um valor predeterminado na poupança dos filhos e, se parte do valor não for utilizada ao chegar a data de "aniversário", os rendimentos típicos da poupança[1] serão somados ao saldo remanescente. Em alguns bancos, as contas dos filhos podem ser vinculadas à dos pais, permitindo inclusive que tal transferência seja feita mensal e automaticamente após solicitação ao gerente. A principal desvantagem está na baixa rentabilidade da poupança, que perde para produtos tão ou mais seguros quanto ela, como fundos de renda fixa e CDBs de grandes bancos.

A melhor forma de aproveitar todas as funcionalidades de uma conta de poupança e fazer de seu uso um instrumento de educação financeira é criar a rotina de discutir com os filhos o extrato mensal da poupança. Se o banco não emiti-lo automaticamente – não é obrigatório, pois para a manutenção desse tipo de conta não é cobrada nenhuma taxa –, obtenha-o pela internet ou em caixas eletrônicos. Faça da entrega da mesada (juntamente com o extrato da poupança) uma espécie de evento, em que os filhos prestem contas de seus gastos (como expliquei no item anterior), discutam a rentabilidade e os ganhos da poupança com os pais e então

1. Taxa referencial (TR) + 0,5% ao mês.

recebam a mesada. Tamanha formalidade pode parecer inviável, mas será perfeitamente assimilável pelos filhos se a discussão sobre dinheiro também fizer parte da rotina mensal dos pais.

Fundos de investimento e clubes de investimento

Como crianças não podem possuir conta-corrente em bancos, estão indiretamente impedidas de usar fundos de investimento – pois, conseqüentemente, não possuem conta de investimento – e de abrir conta em corretoras de valores[2].

Muitos pais têm como hábito programar o resgate regular de certo valor de sua conta-corrente para um fundo específico, em seu nome, porém selecionado especificamente para formar uma reserva destinada aos filhos. Alguns bancos oferecem diferentes fundos multimercado com políticas de investimento baseadas em estratégias adequadas a diferentes perfis, normalmente denominados conservador, moderado ou arrojado. Mesmo os mais conservadores tendem a ter alguma participação residual em renda variável (ações), para assegurar uma rentabilidade diferenciada a longo prazo. É, sem dúvida, uma maneira interessante de formar uma garantia para o futuro de seus filhos, mas restringe aos pais todo o conhecimento adquirido sobre o investimento, pelo fato de fazer parte da conta pessoal deles. A única coisa que vincula tal investimento aos filhos é a intenção dos pais.

No entanto, muitas corretoras de valores já perceberam a grande preocupação da classe média com o futuro financeiro das crianças, antecipando-se aos bancos ao oferecer produtos de investimento que atendam aos anseios desses pais.

---

2. É por meio de corretoras de valores que se podem comprar ações, títulos públicos, *commodities* (grãos, ouro, energia, gado etc.) e títulos privados, individualmente ou por meio de clubes de investimento.

Há corretoras que oferecem fundos de investimentos em ações específicos para crianças. Não são elas que investem, mas sim seus responsáveis maiores de idade. Contratualmente, o responsável compromete-se a transferir suas cotas de participação nos fundos para a criança quando esta atingir sua maioridade. A única exigência para as crianças participarem é que já tenham CPF emitido. Funcionam exatamente como os fundos de ações disponíveis em qualquer banco, com o diferencial de geralmente possuir estratégias mais adequadas para ganhos de longo prazo – preferem ganhos consistentes e mais previsíveis a apostas em oportunidades – e, por esse motivo, não admitem investidores que pensem em movimentar seus recursos em prazos mais curtos.

Também já é comum encontrar, em algumas corretoras, clubes de investimento específicos para determinados tipos de cliente, como clubes para idosos, mulheres, médicos, funcionários de uma mesma empresa e, como não podia faltar, também clubes para crianças. Por sua natureza, um clube de investimentos já é uma alternativa para pessoas que têm afinidades e decidem tomar decisões conjuntamente sobre o futuro de seu dinheiro. Mas as corretoras de valores passaram a oferecer também clubes denominados "abertos", para quaisquer clientes que, atendendo às regras, queiram participar.

Com isso, viabilizam clubes que, por meio das contas de investimento dos pais, associam ao nome de uma criança as cotas de participação nos investimentos. Na prática, quem está investindo é o pai ou a mãe, vinculando ao CPF do titular da conta as obrigações tributárias e civis, similarmente aos fundos para crianças. Contudo, um atrativo serviço é oferecido pelo gerenciamento da corretora: o extrato é emitido em nome da criança, assim como os relatórios estratégicos enviados regularmente aos cotistas. As reuniões de cotistas, quando acontecem, reúnem pais e filhos para entenderem a estratégia de investimentos. Quando as crianças atingem sua maioridade, passam a ter direito de usar os recursos, se desejarem.

Como os clubes obrigatoriamente devem investir pelo menos 51% dos recursos em renda variável (normalmente ações), seu uso harmoniza-se com a ambição dos pais de assegurar uma poupança interessante a longo prazo e facilita as escolhas estratégicas da corretora, que pode contar com a estabilidade dos recursos investidos. Investimentos com previsão de uso não inferior a cinco anos, se aplicados com critério (aí entra a estratégia da corretora) em ações, tendem a gerar resultados bem mais robustos do que se aplicados em renda fixa. Além disso, proporcionam a saudável sensação, para os filhos, de que eles são também donos das maiores empresas de seu país. Um bom aperitivo para futuros empreendedores.

Planos de previdência

É normal que muitos pais e mães tenham dúvidas quanto a sua capacidade de administrar uma estratégia de formação de patrimônio para os filhos ao longo de vários anos. O temor é coerente, pois é preciso traçar metas, acompanhar as informações sobre os investimentos (mesmo que seja apenas para manter-se tranqüilo), administrar os efeitos da inflação sobre o planejamento e atentar para as recomendações de analistas, pelo menos[3]. Nenhuma dessas atividades é complexa, e as informações disponibilizadas pelos jornais costumam ser suficientes para o sucesso de um plano de longo prazo.

De qualquer forma, para aqueles que não se sentem confortáveis com a administração pessoal de um plano de investimentos, há o serviço extremamente qualificado dos planos de previdência. A idéia por trás de um plano de previdência é simples, mas alguns mitos e armadilhas tendem a distorcer o entendimento de muitos sobre o serviço.

3. Descrevo em meu livro *Dinheiro: os Segredos de Quem Tem* um método para administração pessoal de seu próprio plano de aposentadoria.

Planos de previdência, em comparação a outros investimentos disponíveis no mercado, *não* são necessariamente mais seguros, nem mais rentáveis, nem mais previsíveis. Planos de previdência propõem-se principalmente a três objetivos: garantir que você mantenha uma desejada disciplina para alcançar seus objetivos, atualizar suas metas pela inflação a cada ano e auxiliá-lo, no futuro, a decidir a melhor forma de administrar o patrimônio formado.

Como investimento, os planos não trazem vantagens significativas em relação aos investimentos em renda fixa. As empresas que vendem o serviço alardeiam que há um grande benefício fiscal sobre os resultados obtidos, pois quem contribuir por pelo menos dez anos vai pagar apenas 10% de Imposto de Renda sobre os ganhos (no caso dos VGBLs) ou sobre o patrimônio total (no caso dos PGBLs)[4]. Contudo, praticamente toda essa vantagem desaparece quando se constata que os fundos de previdência em que tais planos investem cobram taxas de administração sensivelmente superiores às dos fundos de renda fixa comuns.

Uma vantagem real dos planos de previdência está na questão sucessória. Em caso de morte do contribuinte do plano, o saldo investido não entra em inventário. Isso significa que os recursos são disponibilizados prontamente, como um seguro, e sem nenhuma tributação além do Imposto de Renda, caso o plano seja feito em nome dos herdeiros.

Todos os planos de previdência são semelhantes, normalmente diferindo entre eles nas taxas de administração e de carregamento. O que normalmente diferencia um PGBL comum de outro específico para a escola de seus filhos, ou para mulheres, ou então para autônomos, é algum seguro vendido conjuntamente com o produto. É nesse ponto que a opção por um plano de previdência pode assegurar vantagens que não seriam obtidas num investimento programado comum.

---

4. A tributação sobre os lucros em fundos de renda fixa é de 15% para investimentos de longo prazo.

Por exemplo, um plano de previdência que objetive viabilizar a faculdade de um jovem normalmente embutirá em seu preço um seguro de vida para garantir que, mesmo que o adulto contribuinte venha a falecer ou ficar inválido durante o plano, a verba para a faculdade seja formada. É mais caro e menos eficiente do que investir num fundo de renda fixa, mas assegura o alcance do objetivo. É um produto extremamente recomendável para pais que não possuem uma reserva financeira confortável para seu futuro e que ainda não fizeram um seguro de vida. Se sua situação é essa, evite postergar decisões sobre o assunto.

Simulações de compra e venda de ações

Uma das melhores formas de aprender a investir em ativos de risco é aceitar correr o risco. O problema é que, ao arriscarmos sem o devido conhecimento, podemos perder. Quem já montou uma empresa e quebrou tem chances maiores de montar uma nova empresa similar e acertar. Primeiro, porque já sabe quais cuidados tomar para não repetir alguns erros. Segundo, porque, se a pessoa acreditasse não ter condições de administrar os riscos do negócio, não investiria novamente. Saber tirar lições dos erros é um passo importante para acertar mais.

Da mesma forma, acredito que muitos dos meus acertos em investimentos vêm de lições que tirei de algumas perdas no passado. Por isso, se você puder oferecer a seus filhos a oportunidade de errar, estará dando uma grande contribuição aos acertos na vida adulta.

Talvez você estranhe essa opinião, principalmente num livro que trata de investimentos. A razão de eu incentivar a oportunidade de erros está na existência de meios de testar nossa capacidade de acertar ou errar sem incorrer necessariamente em riscos para o nosso bolso. Ou, pior, para o bolso de nossos filhos.

Muitos dos jovens investidores que conheço deram seus primeiros passos no mundo dos investimentos sem ter um único centavo, utilizando simuladores de investimentos. Existem inúmeros deles no mercado, muitos acessíveis a qualquer investidor em sites de corretoras. O mais conhecido, já há alguns anos, é o simulador gratuito oferecido na forma de competição pelo jornal *Folha de S.Paulo*, o FolhaInvest em Ação[5].

Enquanto concorre a cursos, livros e viagens, o aprendiz de investidor testa sua capacidade de selecionar ações, utilizando uma verba virtual oferecida a todos os participantes. Os ganhadores dos prêmios são os que acumulam mais rentabilidade em sua carteira de investimentos a cada período de apuração. Muitos dos premiados nessa competição em anos anteriores atuam hoje em corretoras de valores e bancos de investimento.

Mas isso não quer dizer que o simulador seja apenas para jovens formandos aspirando a carreiras financeiras. Conheci adultos com perfil conservador de investimentos que mantêm, por diversão, o hábito de visitar o simulador regularmente para testar sua capacidade de interpretar as recomendações de investimento de seu banco. Conheci também crianças que se fascinaram com a oportunidade de "jogar" contra adultos ao mesmo tempo em que aprendem algo capaz de fazê-las ganhar muito dinheiro no futuro. Fica minha sugestão: que tal brincar de ficar rico com seus filhos?

Livros, jogos e brincadeiras que ensinam a enriquecer

Que tal fazer daquela animada viagem de férias uma oportunidade de educar seus filhos para as finanças? Longe de propor o fim da diversão e da descontração dos momentos escolhidos para o lazer, o que proponho

5. Para acessar, entre na página da internet: www.emacao.folha.com.br.

aqui são algumas alternativas simples para aumentar o grau de consciência sobre o dinheiro na família enquanto as crianças se divertem.

O arsenal de ferramentas da educação financeira é muito mais amplo do que os sérios instrumentos de controle e investimentos oferecidos pelos bancos. Na verdade, muitos investidores, profissionais ou não, encaram seus investimentos como uma grande diversão, atitude da qual discordo. Mas aprender de forma interessante, curiosa ou divertida é uma maneira de desenvolver afinidade com o tema ensinado. E se nossa missão é, entre outras coisas, enriquecer nossos filhos, que seja com sorrisos estampados no rosto e não com sacrifícios e restrições a pequenos prazeres.

Aprendendo pela leitura

O hábito da leitura, independentemente da freqüência com que é praticado e dos temas explorados, é um processo educacional em essência. Como os filhos normalmente demandam a seus pais suas leituras preferidas, um meio de fazer da leitura um hábito na vida deles é adquirir os títulos que mais lhes interessam. Infelizmente, o avanço tecnológico está roubando de nossos filhos a atratividade da leitura e fazendo de boa parte do aprendizado uma atividade neurótica. Não é preciso recorrer a estudos científicos para constatar que passar horas e horas na frente de computadores ou manipulando pequenos aparelhos eletrônicos compromete a saúde física e mental das crianças. Por isso, se seus filhos não demonstram nenhum tipo de interesse pela leitura, experimente levá-los a uma biblioteca pública infanto-juvenil. Tenho certeza de que, se você ainda não o fez, vai se surpreender com a reação deles diante da possibilidade de consultar tantos livros diferentes.

Mesmo as crianças pequenas podem ser aculturadas facilmente à leitura, com livros ilustrados e gibis. Saudade dos gibis que parecem já não atrair tanto as crianças? Gibis não possuem mais o antigo apelo e participação na vida delas, devido à forte concorrência com as incontáveis alternativas disponíveis nos jornais, na internet e até mesmo nos livros. Mas séries como a clássica *Turma da Mônica* são repletas de ensinamentos criados com o suporte de pedagogos e educadores, o que as leva a contribuir sensivelmente para a formação do caráter das crianças.

Se seus filhos já demonstram interesse pelo hábito da leitura, identificar publicações que contribuam para sua sensibilidade financeira é mera questão de seletividade. Lembre-se de que as crianças já são naturalmente atraídas pelo tema *dinheiro*. Como o debate sobre a educação financeira está em franco crescimento em nossa sociedade, não me admirarei se, em breve, nossas livrarias também tiverem uma seção dedicada exclusivamente a finanças pessoais, como acontece nos Estados Unidos. Com essa evolução, não faltarão livros com abordagem interessante também para as crianças.

Prefira títulos que prezem valores pessoais, familiares e sociais, como fábulas e crônicas. No já citado *O Homem que Calculava*, de Malba Tahan (Editora Record), por exemplo, a narrativa valoriza a recompensa pela sabedoria. Nas histórias, sempre há um sábio ou um mercador que usa sua astúcia para conseguir algumas moedas de prata ou de ouro a mais. Uma excelente leitura para adolescentes.

Outra série clássica que apela para valores pessoais e familiares é a *Pai Rico, Pai Pobre*, de Robert T. Kiyosaki (Editora Campus). Apesar de parecer uma coleção, pouco tem a contribuir para quem compra diversos livros da série. Como os temas centrais do autor são exaustivamente repetidos em cada publicação, vale a pena analisar qual título é mais adequado a cada necessidade do leitor, para uma melhor aquisição.

No Brasil, o grande aumento do interesse por conhecimentos em finanças pessoais vem multiplicando o número de autores e de títulos. Ao selecionar títulos para seus filhos, esteja atento não somente ao conteúdo da obra, mas também ao currículo e às atividades de seus autores. Os maiores especialistas na área exploram o tema finanças em linguagem cuidadosamente elaborada segundo critérios da pedagogia infantil, facilitando bastante o entendimento e a absorção das idéias.

Nas bibliotecas infanto-juvenis, você poderá encontrar inúmeros títulos interessantes, pesquisando por palavras-chave como: dinheiro, riqueza, fortuna, prosperidade, mesada, poupança, moedas, negociador e sucesso, entre outras.

Atente para a qualidade moral dos textos. Não é porque o livro aborda finanças que é adequado ao aprendizado. Evite reforçar estereótipos sociais e culturais. O autor Mauricio de Sousa o faz em sua coleção da Turma da Mônica, porém utiliza estereótipos justamente para ressaltar valores de igualdade entre os diferentes personagens. O mesmo acontece na competente coleção Disney: o objetivo da existência do conhecido personagem Tio Patinhas não é ditar um padrão comportamental de sucesso (afinal, o pão-duro se esquece de viver a vida presente), mas sim criar um estereótipo de riqueza para interagir com seus opostos.

Aprendendo pela brincadeira

A idéia de enriquecer brincando lhe parece atrativa? Imagine para seus filhos! A indústria de jogos está tão atenta às necessidades dos pais quanto estão bancos, corretoras e outras. Repare, nas lojas, nas seções de jogos infanto-juvenis, sejam eles de tabuleiro ou eletrônicos. Não é raro encontrar temas como mesada, fortuna, banco, lucros e afins.

Mas, apesar de tamanha variedade, enganam-se os pais que pensam que brincar de enriquecer trará sempre contribuições positivas à educação financeira. Um jogo educativo faz pensar, exige decisões, estratégia e astúcia das crianças. É projetado visando aproveitar as diferentes fases de seu desenvolvimento mental. Repare, porém, que a maioria dos jogos existentes no mercado depende exclusivamente da sorte tirada numa carta ou no lançamento de um dado. São jogos de sorte e azar, independentemente dos termos usados em sua arte visual. Não agregam nada além de convívio social entre os que se reúnem para jogá-los.

Um exemplo de jogo verdadeiramente educativo é o Monopoly, traduzido no Brasil como Banco Imobiliário. Aparentemente, é um inocente jogo de tabuleiro que depende de lançamentos de dados e sorte nas cartas para que um participante ganhe. Contudo, quem já passou pela experiência de jogá-lo durante horas e horas percebeu que é um jogo financeiro genuinamente estratégico. A sorte pesa pouco na vitória. Após algumas rodadas, passa a ser um jogo em que a estratégia de investimento dos participantes é decisiva para ganhar. Cada jogador precisa decidir se investe ou não em terrenos e empresas de serviços, se investe ou não na construção de imóveis em seu terreno para aumentar sua renda de aluguéis, ou se substitui imóveis populares por edifícios comerciais. Decisões de elevado nível estratégico num jogo de regras simples fizeram dele um dos jogos de tabuleiro mais vendidos da história. É tão eficiente do ponto de vista de formação para o empreendedorismo que nos Estados Unidos e no Canadá existem lojas que vendem exclusivamente variações do Monopoly para todos os bolsos.

Um bom jogo não é escolhido pela embalagem ou pelo visual de suas peças. Seu investimento no presente terá maior valor se ele for capaz de entreter de forma inteligente, ao mesmo tempo em que desenvolve a inteligência. Procure conhecer o jogo antes de presenteá-lo a alguém.

Aprendendo com vivências cotidianas

Por volta dos 6 anos de idade, quando a criança começa a aprender noções de matemática na escola, é a época ideal para começar a dar dinheiro na mão dela no momento de pagar uma compra em lojas, padarias e supermercados, supervisionando-a enquanto manipula o dinheiro e conta o troco. Obviamente, ofereça desafios compatíveis com o grau de conhecimento da criança, começando com trocos não superiores a duas ou três notas ou moedas e progredindo de acordo com seu desenvolvimento na escola.

O supermercado perto de sua casa oferece uma oportunidade de aprendizado perfeita, especialmente para crianças entre 5 e 10 anos de idade, uma vez que é um ambiente em que as diferenças de necessidades entre gerações desaparecem (afinal, todos precisamos de alimentos). Você pode encorajar seus filhos a escolher um produto entre diversas marcas, orientando-os a comparar preços e quantidades em busca da alternativa de maior valor. Além de desenvolver nas crianças a percepção de valor por peso ou volume, essa atividade ajuda a manter sua mente e mãos ocupadas enquanto você escolhe outros produtos. Uma boa utilidade para aquela montanha de propagandas de supermercados que você recebe regularmente na porta de casa é desafiar os filhos a pesquisar nelas os melhores preços e ofertas, premiando-os com alguma guloseima a mais quando conseguirem bons descontos por meio da pesquisa.

Como dica prática, sugiro adotar seus filhos como "calculadoras humanas" no supermercado. Leve uma calculadora às compras e peça à criança que vá somando o valor de cada item colocado no carrinho. Além de desenvolver as habilidades que ela aprendeu nas aulas de matemática, você terá uma interessante ferramenta de controle pessoal para seu orçamento.

Crianças mais velhas podem ser incentivadas a ajudar nas compras de produtos como móveis, eletroeletrônicos ou presentes, comparando preços na internet ou pesquisando em busca de campanhas de desconto nas lojas virtuais.

Outra situação interessante para o aprendizado é a volta às aulas. Muitos pais chegam ao limite entre a razão e o desespero quando recebem aquela extensa lista de materiais escolares. Aproveite a oportunidade para orientar seu filho a pesquisar os preços em pelo menos duas lojas e montar uma lista dos produtos com uma indicação de qual loja tem o melhor preço. Acompanhe de perto a pesquisa, pois a criança terá uma forte tendência a pesquisar preços dos melhores produtos, e não dos mais baratos. Se for o caso, aproveite para discutir a idéia de valor, propondo um limite de gastos razoável para que a criança possa optar por um ou outro produto diferenciado, mas tenha de fazer concessões quanto ao luxo para a maioria dos itens.

7

Capítulo

Conversas mais maduras ao longo do tempo

Nem todas as conversas entre pais e filhos serão simples e agradáveis ou pautadas na diversão. Enquanto crescem e amadurecem, as crianças sofrem transformações devido a mudanças em sua estrutura mental e em seu metabolismo hormonal e pela maior exposição ao mundo, com referências e valores diferentes daqueles que seus pais procuram cultivar no lar.

Quando os filhos são pequenos, os pais são verdadeiros ídolos. Constituem-se na maior, se não única, referência de comportamento e de modelo a seguir quando crescerem. À medida que crescem, porém, meninos rebelam-se contra a mãe e meninas afastam-se do pai. Se os pais não estiverem suficientemente preparados, atentos e informados sobre a necessidade de respeitar as transformações dos filhos, poderão criar um abismo no relacionamento familiar.

Entre os 5 e 10 anos de idade, a curiosidade dos filhos estará fervilhando, com a enxurrada de conhecimento obtida na escola. Eles não estarão satisfeitos em *conhecer* tudo; farão questão de *entender* tudo, exaurindo seus pais com todo tipo de pergunta, sobre todos os temas. Inclusive sobre dinheiro! É nessa época que surgem perguntas cujas respostas não são tão simples, como:

"Quanto você ganha?"
"Quando você morrer, eu vou receber uma herança?"
"Você tem um seguro de vida?"
"Quem ganha mais, você ou o papai? Por quê?"

Entre as crianças de hoje, expostas ao bombardeio cotidiano de informações, eu não me surpreenderia se ouvisse alguma destas perguntas:

"Você tem um plano de previdência?"
"Você fez um plano de previdência para mim?"
"Você compra ações?"
"Onde você investe seu dinheiro? Não investe?!?"

Essa fase de intenso desenvolvimento e confiança mútua tende a ser muito gratificante para pais e filhos. Mas, aos poucos, a desejada liberdade destes começará a ser testada contra os limites daqueles. Os filhos saberão que seus pais não são a única fonte de informação, e nem sempre a de maior credibilidade. Pais acostumados a ter dos filhos total crédito para esclarecimentos sobre o mundo poderão ressentir-se do gradual desligamento destes, que cada vez menos contarão com aqueles para aprender. O mundo dos jovens tende a separar-se do mundo dos pais à medida que eles amadurecem.

Principalmente quando a adolescência começa a raiar, é fundamental tentar entrar no mundo dos filhos e adaptar-se a ele, em vez de exigir que sejam mantidas as regras do passado, ou que os filhos se moldem de acordo com as regras do lar, como sempre aconteceu. O adolescente quer ser reconhecido como adulto e não mais como criança. E um meio de obter isso é tentar romper com seu passado, desrespeitar regras, "sair debaixo da saia da mãe". Se os pais mantiverem atitudes que eram comuns durante a infância, provavelmente cultivarão o distanciamento dos filhos. É só reparar no comportamento do filhão quando a mãe lhe dá beijos e abraços diante dos amigos (que provavelmente estarão rindo da sua cara) ou da filha quando o pai espera que ela sente em seu colo, como sempre fez.

Pais devem deixar de lado o papel de protetores para assumir o papel de parceiros. Devem se adaptar, apesar de essa adaptação não ser fácil. A deliciosa infância dos filhos deixará saudades, mas a transformação é o caminho para a formação de adultos responsáveis. Nesse ponto, a necessidade de ensinar com humildade – uma das seis atitudes fundamentais – ganhará peso extra, para que os pais mantenham o desejado vínculo com os filhos.

Maturidade para entender

É uma verdadeira ginástica mental para pais saber se determinado momento é adequado ou não para abordar assuntos mais maduros e menos fáceis de tratar. Invariavelmente, sua própria insegurança em abordar temas como sexo, riqueza, religião e responsabilidade acaba enfraquecendo o diálogo entre eles e seus filhos. Por tentarem impor regras em vez de propô-las democraticamente (uma defesa contra a vontade dos filhos de se submeterem menos aos pais), os adultos acabam caindo em contradição. É quando um filho percebe que aquele pai que transgride freqüentemente as leis de trânsito é o mesmo que exige, com rigor, que sejam respeitadas as leis criadas por ele no lar. Lembre-se da atitude de ensinar pelo exemplo. Se você quiser compreensão de seus filhos, terá de compreendê-los.

As crianças não têm uma noção exata de valor. De nada adiantará ser extremamente franco e transparente quanto ao orçamento doméstico, se elas não estiverem prontas para entender sua franqueza. Por isso, no capítulo anterior, enfatizei o uso de jogos, brincadeiras e leituras. Criança quer brincar, e não controlar despesas. O envolvimento dos filhos na herança da família deve ser feito gradualmente, à medida que eles adquirem maturidade. Enquanto não estiverem cientes de que precisam perseguir sonhos de consumo e qualidade de vida, e que esses objetivos custarão caro, poderão criar a ilusão de que podem viver com pouco dinheiro e que a riqueza de seus pais lhes basta.

É importante que os filhos saibam que o padrão de vida da família foi construído com muito suor. Isso valoriza os estudos, a escolha da carreira, as boas notas e a busca pelo reconhecimento naquilo que eles se comprometem a fazer.

A partir da adolescência, a introdução de alguns temas fica mais fácil, pois os pais já podem se valer de números, modelos financeiros e dados econômicos para embasar seus argumentos. Os filhos já estarão aptos a entender, devido aos conhecimentos obtidos na escola e em sua vivência. Quando começam a imaginar sua carreira, os jovens percebem suas limitações em termos de conhecimento e experiência. Sonham em estudar fora do país, fazer uma boa faculdade e batalhar por uma boa posição. Percebem que sua vontade de correr o mundo pode consumir boa parte do patrimônio que seus pais suaram muito para conquistar, ou então dependerá de seu suor para ser obtida sem futuras cobranças. Tudo o que eles querem é deixar de ser cobrados. Sua vontade de deixar de depender dos pais começa a se refletir nas decisões financeiras. É uma boa hora para abrir o jogo.

Quando e como introduzir novos temas

Não há uma idade específica para que os diferentes assuntos relacionados às finanças da família surjam nas conversas com os filhos. Na verdade, boa parte deles surgirá naquela fase de grande interação e questionamento dos filhos, entre os 5 e os 10 anos de idade. Contudo, alguns temas serão mais candentes do que outros em diferentes momentos, dependendo da exposição dos filhos às provocações externas.

De qualquer modo, somente o fato de a criança ter despertado para o assunto não quer dizer que será uma boa hora para tratar dele. Enquanto ela não estiver apta a entender as dimensões da renda, dos gastos e do preço de garantir o futuro, abordar esses assuntos pode resultar numa percepção distorcida dos valores pessoais dos pais.

"Se meu pai é rico – ganha mil reais por mês –, por que ele não compra figurinhas para mim?"

"Se minha mãe gasta 30 reais no cabeleireiro todas as semanas, por que eu não tenho o direito de ganhar um esmalte de apenas 5 reais?"

É claro que, se os pais vivem comentando entre si que a situação está difícil, que as dívidas não param de crescer e que as empresas de cobrança não param de ligar, qualquer criança entenderá que eles estão quebrados. Não importa quanto ganhem, é um valor insuficiente. De qualquer forma, é uma situação normalmente resultante mais de escolhas ruins dos pais que da baixa renda.

Relaciono a seguir alguns temas-chave que, mais cedo ou mais tarde, serão abordados em família. Incluo algumas sugestões referentes à abordagem que tais temas merecem, para facilitar a vida dos pais.

Renda

Não importa quanto você ganha. Se seu filho pequeno souber, provavelmente acreditará que é muito. De nada adiantará convencê-lo de que sua renda está longe do ideal. A razão para isso está nas referências de valor que ele tem. Para quem convive com gastos limitados a lanches, figurinhas, revistas e pequenas outras realizações, uma semanada de 20 reais pode ser sinônimo de *status* entre os amigos. Mesmo que seus pais ganhem dois ou três salários mínimos, para a criança esse dinheiro é muito, dá e sobra para uma vida rica.

Essa percepção não vale só para crianças. Repare nos hábitos de vida das famílias que ganham até três salários mínimos. Mesmo ganhando menos que o recomendável para uma vida com qualidade[1], essas famílias também têm moradia, roupas, alimentação e lazer, porém num padrão inferior ao de famílias que ganham bem mais. Enquanto alguns se deslocam ao trabalho de ônibus, outros disponibilizam para os filhos carros importados, blindados e com motorista. Enquanto alguns lavam cuidadosamente suas roupas baratas no tanque, outros destroem suas roupas finas em caras máquinas de lavar roupas. Enquanto alguns sofrem para pagar aluguel, outros sofrem para pagar elevadas prestações do financiamento, mais o condomínio, mais os três empregados que mantêm a casa, além do seguro, do serviço de vigilância, da manutenção dos equipamentos importados, do jardineiro e do limpador de piscina. Em ambos os casos, há reclamações de que a renda está apertada, mas em ambos é possível agradecer a Deus pelo que se tem. Se perguntarmos à família que ganha menos o que ela acha das dificuldades financeiras da família mais rica, certamente ouviremos algum comentário irônico.

É a conseqüente interpretação de abundância que me leva a recomendar cautela ao tratar de riqueza com seus filhos. Eles começarão a ter uma percepção adequada de valores somente quando começarem a conviver com gastos e compromissos similares aos dos adultos. Isso deve acontecer somente após entrarem para o mercado de trabalho, o que faz da renda dos pais uma informação íntima a ser preservada até que os filhos comecem a arcar com seus próprios gastos, pelo menos parcialmente. Em outras palavras, a renda da família será um segredo para filhos que não demonstrem interesse ou esperteza ao lidar com grandes valores.

---

1. Segundo o Departamento Intersindical de Estatística e Estudos Socioeconômicos (DIEESE), uma família brasileira precisaria de uma renda de cerca de quatro salários mínimos para viver com dignidade, ou seja, garantindo em condições razoáveis moradia, alimentação, saúde, transporte, vestuário, educação, higiene, previdência e lazer. Mais informações em http://www.dieese.org.br/rel/rac/salminago06.xml.

Orçamento doméstico

Aparentemente, se os filhos não devem saber da renda real dos pais, está descartada a hipótese de incluí-los nas conversas sobre orçamento doméstico, certo? Errado! Desconhecer a renda não elimina a possibilidade de conhecer os gastos da família.

Quando os filhos se mostram suficientemente maduros para ajudar a opinar sobre prioridades de gastos e restrições de despesas, é conveniente convidá-los para discutir o orçamento. O orçamento não precisa começar na renda da família, mas sim na *verba disponível* para os gastos básicos mensais. Até chegar a ela, os pais já terão excluído os investimentos feitos no mês, a verba para pagar alguns financiamentos (carro, casa e viagens), a verba para férias (se os pais assim preferirem) e a verba para presentes. A família pode discutir conjuntamente apenas uma parte de seu padrão de vida, cabendo aos pais organizar-se para que a conversa ocorra naturalmente.

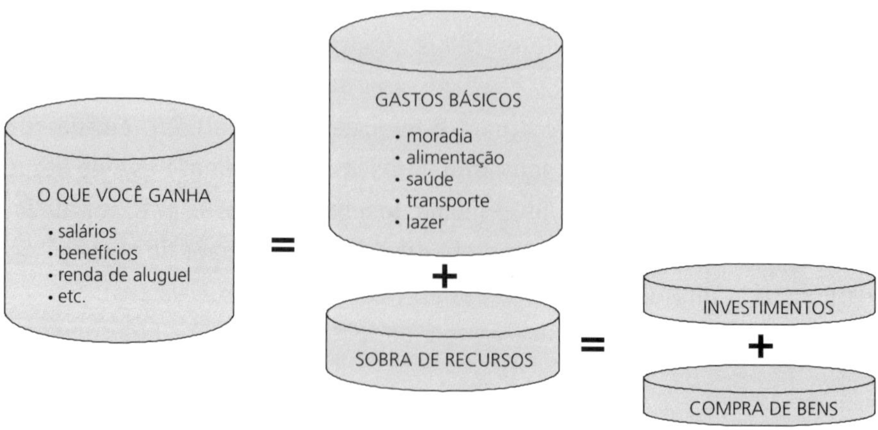

Uma forma de testar se seus filhos estão suficientemente maduros para compartilhar do orçamento doméstico é convidando-os a participar de um orçamento mais simples, como o de uma viagem. Quando estiver planejando a próxima viagem de férias, não importa se de dois dias ou de um mês inteiro, convide-os a ajudar na escolha do plano de gastos. Supondo que os pais pensem em gastar 500 reais durante um fim de semana prolongado[2], inicie a "brincadeira" com a verba e comece a tirar os gastos previstos.

+ VERBA PLANEJADA	**=**	**R$ 500,00**
– Hospedagem no hotel para a família (com café-da-manhã)	=	R$ 120,00
– Gasolina (1 tanque para ida e volta)	=	R$ 100,00
– Pedágio (ida e volta)	=	R$ 20,00
SUBTOTAL A GASTAR	**=**	**R$ 240,00**
DISPONÍVEL PARA OUTROS GASTOS	**=**	**R$ 260,00**

Com uma verba disponível de 260 reais, os pais podem colocar em discussão se a família tem preferência por comer melhor ou gastar com passeios ou até mesmo com compras. É claro que não se esperam respostas totalmente ponderadas dos filhos, como "prefiro comer num restaurante de primeira a comprar um joguinho". Mas os pais podem desenvolver a argumentação em torno da necessidade de uma boa alimentação, ou então da oportunidade de fazer um passeio diferente, que não seria possível no cotidiano da família.

Veja um exemplo de orçamento que pode resultar de uma boa conversa entre todos.

2. Perceba como, mais uma vez, a lição ficará impraticável se os pais não adotarem uma vida financeiramente organizada.

+ VERBA PLANEJADA	=	**R$ 500,00**
– Hospedagem no hotel para a família (com café-da-manhã)	=	R$ 120,00
– Gasolina (1 tanque para ida e volta)	=	R$ 100,0
– Pedágio (ida e volta)	=	R$ 20,00
SUBTOTAL A GASTAR	=	**R$ 240,00**
DISPONÍVEL PARA OUTROS GASTOS	=	**R$ 260,00**
– 2 refeições completas em família	=	R$ 120,00
– 1 refeição leve em família	=	R$ 40,00
– Passeio a cavalo para todos	=	R$ 40,00
– Verba para o presente da vovó	=	R$ 20,00
– Verba para sorvetes ou doces	=	R$ 10,00
– Verba para lembranças, joguinhos e presentes	=	R$ 30,00
TOTAL A GASTAR	=	**R$ 500,00**

Os filhos adorarão participar dessa brincadeira de adultos, pode ter certeza. Não importa a complexidade do orçamento, tampouco os resultados obtidos serem óbvios demais para os adultos. O aspecto mais interessante desse exercício é a reunião da família em torno do assunto *dinheiro*. Provavelmente, os filhos desejarão verbas maiores para as próximas férias, o que será uma interessante oportunidade para incentivar a conversa sobre planejamento para o futuro e idéias sobre poupança.

Se a participação deles se mostrar madura e interessada – seu papel como incentivador será fundamental para esse plano funcionar –, você poderá ampliar a conversa sobre orçamento para projetos de reforma da casa, de viagens maiores ou de organização da ceia de Natal, entre outros.

Investimentos e patrimônio da família

Se a percepção de renda é desproporcional para quem tem pouco, o deslumbramento em relação ao patrimônio sofre distorções ainda maiores. Se os pais possuem algum patrimônio acumulado, devem levar em consideração que vivemos num país em que ainda não é comum as pessoas acumularem reservas substanciais para o futuro.

Há pessoas que ganham na loteria e conseguem passar a ter, em questão de poucos anos, uma situação financeira pior que aquela que tinham antes de sua sorte brilhar, pois acabam adotando um padrão de vida inconsistente com sua renda.

Em dezembro de 2005, a revista Você S/A *publicou uma matéria de capa sobre meu trabalho, apresentando a seus leitores um plano para conquistar 1 milhão de reais em dez anos. Na mesma revista, eu esclarecia em entrevista como eu chegara a esse patrimônio num prazo mais curto, porém adotando o mesmo raciocínio ali apresentado[3]. Fiquei impressionado com a enxurrada de e-mails que recebi na época, com inúmeras propostas. Inventores solicitando verba para patentear seus inventos, endividados pedindo colaboração, promessas do esporte pedindo patrocínio, supostos investidores buscando verbas para negócios duvidosos e as mais diversas instituições pedindo doações. Isso porque 1 milhão de reais parece uma fortuna. Mas, se eu resolvesse parar de trabalhar naquela época e se aquele patrimônio estivesse todo investido de forma conservadora, ele me garantiria cerca de 8 000 reais de renda ao mês. Para quem vive em São Paulo, não é muito além do que o necessário para se manter num bairro bem localizado (central, mas não nobre) e fazer planos para o futuro dos filhos. O patrimônio alardeado assegura-me apenas o título de cidadão de classe média numa cidade de*

3. A matéria encontra-se reproduzida no site www.maisdinheiro.com.br.

elevado custo de vida, e nada mais. Qualquer dono de empresa que tira de seu negócio uma renda mensal de 8 000 reais ou mais tem, teoricamente, um padrão de vida igual ao meu ou melhor, pois não depende de um emprego para obter rendimentos. Depende apenas da boa administração dos riscos de seu negócio.

É saudável que seus filhos sejam poupados da real situação patrimonial da família até que comecem a adquirir maturidade suficiente para manter e administrar tal patrimônio. Com boa educação financeira, mais cedo ou mais tarde eles começarão a demonstrar interesse pela construção de um patrimônio sustentável. É provável que, nesse ponto, já tenham consciência do padrão de vida da família e comecem a demonstrar preocupação com a valorização dos imóveis, com oportunidades de investimento e com a segurança dos pais para o futuro. Isso geralmente acontece alguns meses após receber o primeiro salário.

Uma forma de introduzir o assunto sem forçar a barra é convidar seu filho para preencher a Declaração Anual de Imposto de Renda dele no mesmo dia em que você preenche a sua, para aprenderem juntos – com a informatização da declaração, todo ano há algo novo para aprender. Mesmo que ele não seja obrigado a declarar seus rendimentos, oriente-o a fazê-lo como um exercício. Só o fato de criar um histórico do patrimônio desde a primeira renda oficial já será motivo suficiente para isso.

Normalmente, quando o assunto passa a ser tratado com naturalidade entre pais e filhos, a sensação mútua é de resgate dos tempos de intimidade que caracterizavam a infância. Por isso, especialistas dizem que temas relacionados ao dinheiro devem ser abordados ao final da adolescência. É quando os filhos já têm sua identidade praticamente formada e não precisam mais recorrer ao artifício de esquivar-se dos pais para não ser rotulados como crianças.

Herança

Falar sobre a herança não é um tema agradável, pois indiretamente tratamos da morte. Não tenha pressa em abordar a herança com seus filhos. Se o papo sobre patrimônio já existir entre pais e filhos maduros, esteja certo de que eles já estarão refletindo sobre esse assunto, assim como incluirão em suas reflexões a possibilidade de vida longa de seus pais e a possibilidade de ajudá-los – financeiramente ou não – na velhice.

Contudo, à medida que o patrimônio cresce, é recomendável que sejam tomadas algumas providências para preservar a riqueza da família. Como se não bastasse o governo tomar mais de 40% de nossa renda enquanto vivemos, nossos filhos ainda terão de arcar com o Imposto sobre Transmissão *Causa Mortis* e Doações (ITCMD) e custos de inventário após nossa morte. Sem contar a participação dos honorários advocatícios sobre o processo de inventário, normalmente de 6% sobre o valor total. Para evitar mais essa participação de terceiros, é importante discutir em família, mesmo que seja com filhos já adultos, as possíveis estratégias de sucessão. A forma mais simples é a doação de imóveis de pais para filhos, em vida, com um contrato de usufruto pelos pais. Enquanto estiverem vivos, os pais têm pleno direito de uso do bem. Essa estratégia obriga os filhos a pagar o ITCMD, mas livra o bem dos custos de inventário e honorários advocatícios, simplificando e barateando bastante o processo.

Dependendo do patrimônio da família, justifica-se o investimento em advogados para que seja desenvolvida uma estratégia de sucessão patrimonial, normalmente pela criação de empresas, chamadas *holdings* familiares, com a função específica de administrar o patrimônio da família. Nessa estratégia, as pessoas físicas deixam de ter qualquer tipo de propriedade ou investimento, pois tudo é doado para a *holding*. Em caso de morte de um dos sócios da *holding*, a única coisa a transferir é o valor da participação de capital na empresa – normalmente um valor simbólico. Isso reduz sensivelmente o patrimônio individual, mas, devido a seu elevado custo de criação e manutenção, é recomendado apenas para famílias com patrimônio superior a 2 milhões de reais. E não é nenhum tipo de contravenção ou ilegalidade, mas sim uma estratégia tributária perfeitamente reconhecida em lei.

Tratar do assunto em família é, como no item anterior, uma questão de afinidade. É provável até que o tema seja proposto pelos filhos antes mesmo de ser levantado pelos pais. Uma vez abordado, cabe a estes incentivar os filhos a evoluir com a idéia. Os pais pouco têm a ganhar com isso, pois estarão mortos quando as conseqüências da negligência surgirem. Mas deve ser pesada a seguinte questão: quando você partir dessa para uma melhor, para quem prefere deixar seu patrimônio? Para sua família ou para o governo e advogados?

Negócios da família

Se você é dono de uma empresa, consultório, franquia ou é um profissional liberal bem-sucedido, certamente se preocupa em garantir para seus filhos um futuro tão brilhante quanto o seu, de preferência seguindo a mesma trilha de sucesso. O problema é que nem sempre os filhos têm essa ambição. Muitas vezes, pais preocupados não percebem que talvez não seja nem idade de seus filhos terem ambição alguma. Outras vezes, o excesso de mimos tirou-lhes ambições maiores, o que passa a ser verdadeiramente um problema. Há também o caso de filhos que, apesar de apaixonar-se pela atividade dos pais, temem vincular sua imagem profissional ao sucesso deles - o que é abominado principalmente por adolescentes. Tratar com os filhos sobre a possibilidade de seu futuro vincular-se a um negócio familiar é uma tarefa difícil, pois, nessa situação, eles vêem uma confusão entre os papéis de pai (ou mãe), chefe e sócio. É uma dificuldade semelhante à que enfrentam casais que trabalham juntos, situação em que é continuamente necessário separar o papel de colega de trabalho do de marido ou esposa.

Não é tão simples lidar com a questão, por isso os pais devem atentar para a melhor forma de fazê-lo. Buscar a orientação de especialistas em gestão de empresas familiares pode encurtar o caminho e evitar conflitos indesejados. Com ou sem a ajuda de especialistas, porém, a alternativa de atuar no ramo dos pais aflorará, em algum momento, entre as opções profissionais dos filhos. Provavelmente às vésperas do vestibular, quando os jovens se vêem pressionados a fazer uma das escolhas mais importantes de sua vida sem antes realizar um *test-drive*. A vantagem do negócio familiar é que o *test-drive* pode ser feito antes das demais atividades.

Como qualquer outro tipo de investimento, uma empresa familiar possui um valor de negociação compatível com o nível de risco administrado por seus proprietários. Avaliar uma empresa não é tarefa simples, por isso filhos costumam demorar muito tempo para perceber o valor patrimonial do negócio de seus pais. Pelo contrário: tendem a desprezar o negócio, tal como crianças desprezam as empresas em que pais assalariados trabalham. O emprego é o "mal" que tira os pais de perto delas. Em razão disso, dificilmente os filhos se sentirão atraídos pela empresa da família até adquirir maturidade.

Esse cenário poderá mudar na fase em que eles começarem a pensar na carreira e perceberem a longa jornada a percorrer até conquistar seu lugar ao sol. É quando os pais podem identificar se há afinidade dos filhos com a atividade desempenhada por eles ou não. Se houver, aos poucos ocorrerá uma aproximação curiosa entre os filhos e o ambiente de trabalho. Como acontece com todos os jovens inseguros, é a perspectiva de uma atividade prazerosa que os conduzirá a uma escolha definitiva.

O papel dos pais, no momento em que os filhos buscam uma aproximação do mundo dos negócios da família, é atender à curiosidade. À medida que os filhos soltam a corda, os pais a puxam. Deixe-os envolver-se com o negócio, mas evite introduzi-los precipitadamente na rotina da empresa sem que demonstrem interesse por isso. Um erro a evitar é colocar a carroça na frente dos bois, forçando os filhos a preparar-se para a gestão dos negócios quando ainda jovens demais. Com tantas alternativas, aquela de maior pressão dificilmente será a escolha favorita.

Se os filhos não se interessarem pelos negócios de família, o melhor a fazer é desejar-lhes boa sorte na carreira escolhida (com sinceridade, apesar do provável desapontamento dos pais) e pensar em buscar uma forma de fazer da gestão de sua empresa uma estrutura profissional de negócios.

Seguros

Se você possui uma situação financeira confortável para deixar de herança a seus filhos, parabéns. Se ainda não possui, deve se preocupar com pelo menos uma das duas seguintes questões:

- Se você morrer, seu companheiro pode arcar sozinho com as contas que mantêm o padrão de vida da família?
- Se você morrer, há alguma fonte de renda ou de recursos para garantir que seus filhos concluam os estudos e mantenham sua vida até começar a deslanchar na carreira?

Caso a resposta a qualquer uma das perguntas acima tenha sido *não*, recomendo que você contate um corretor de seguros para estudar alternativas de assegurar o futuro de seus filhos, pelo menos enquanto é responsabilidade sua prepará-los para o mundo. Seguros de vida não são necessários a todas as famílias, mas são essenciais para aquelas que têm muito a perder em caso de fatalidade ou invalidez de alguém que as sustenta. Já comentamos, também, que certos planos de previdência embutem em seus pagamentos mensais algum tipo de seguro. É uma opção prudente e recomendável caso você esteja pensando em garantir os estudos futuros de seus filhos e não tenha nenhuma outra reserva financeira para suprir o insucesso desse plano.

É pouco provável que os filhos demonstrem curiosidade, ainda jovens, em saber se os pais mantêm ou não uma apólice de seguros ou um plano de previdência. De qualquer forma, se surgir algum comentário relacionado, não há mal algum em poder confirmar-lhes – já que demonstraram temer a falta dos pais – que foi adotada a responsável atitude de assegurar seu bem-estar até a maioridade.

Se há algo com que se preocupar, não é com a atração do dinheiro sobre seu companheiro ou sobre seus filhos. Havendo esse temor, provavelmente o relacionamento tem fragilidades que podem ser reparadas com auxílio profissional. Converse com um terapeuta sobre o assunto.

Investimento na educação dos filhos: responsabilidade dos pais?

Quando pais colocam filhos no mundo – de maneira planejada ou não –, devem estar cientes de que é seu papel prepará-los para a vida. O que esses filhos serão e farão no futuro dependerá quase exclusivamente das escolhas que esses pais fizerem durante seu desenvolvimento. Pais sem tempo para os filhos costumam delegar a outras pessoas – avós, babás, parentes e amigos – aqueles cuidados que não podem suprir, mas mesmo assim a escolha dessas pessoas e as orientações a dar dependem de decisões dos pais.

É sabido que as crianças dependem muito de seus pais, sua principal referência de vida, para a formação de seu caráter. Ter ou não ter tempo para a família também é uma escolha pessoal que pode ser planejada ou, pelo menos, negociada a dois. Pais que se esquecem do importante equilíbrio do tempo e acabam dedicando muito mais tempo ao trabalho do que deveriam, em nome de sua carreira, podem vir a se arrepender profundamente do distanciamento que terão de seus filhos durante toda a vida, inclusive na velhice.

Uma vida planejada envolve incluir tempo para uma saudável dedicação aos filhos. E envolve incluir também muito dinheiro para uma educação de qualidade. O motivo é que, enquanto os filhos não estiverem preparados para obter renda e crescer na vida, os pais devem assumir a responsabilidade de ajudá-los a sobreviver neste mundo a que foram trazidos.

Filhos com educação precária estão mais sujeitos a ter dificuldades em encontrar seu caminho profissional. A experiência dos pais, seja positiva, seja negativa, deve servir de exemplo para os filhos, mas a oportunidade de escolher os caminhos profissionais dependerá de uma boa base educacional, que permita competir com outros jovens. Cabe aos pais decidir os melhores caminhos para os filhos até a maturidade, e isso inclui uma boa educação.

Se você conseguirá ou não bancar todo o investimento que seu filho merece é uma questão de planejamento, tanto quanto o é ter tempo para dedicar à convivência familiar. Se sua renda não permite sonhar com um padrão elevado de ensino, não espere a necessidade chegar para ir atrás de meios de realizar sonhos. Comece agindo desde já.

Veja as alternativas que descrevo a seguir, para viabilizar uma educação de qualidade para seus filhos.

Ensino médio[4] – *Uma escola de bom nível para o ensino médio não custa pouco. Com alguma sorte, pode-se até encontrar algum nível razoável de educação no ensino fundamental*[5] *sem pagar muito por isso. Mas um ensino médio de qualidade pode custar muito para uma família menos abastada. Estudos indicam que, em média, a mensalidade escolar aumenta em 30% ao passar do ensino fundamental para o médio. Isso não significa que famílias de classe média baixa estejam fadadas a permanecer em sua classe social, como acontece com as castas indianas. Um planejamento adequado pode*

4 O mesmo que, há alguns anos, era chamado de colegial ou de segundo grau.

5 Até a oitava série.

elevar sensivelmente o padrão de vida da família. Suponha que, para seu filho cursar um bom ensino médio, você tenha de desembolsar cerca de 1000 reais mensais durante três anos, dos 14 aos 16 anos de idade dele. Para garantir essa verba, você pode optar por um esforço mensal menor durante os primeiros treze anos de vida da criança. Caso você decida aplicar recursos durante os treze anos num fundo de renda fixa, supondo ganhos reais de 0,65% ao mês[6]*, conseguirá a verba necessária para a educação de seu filho se investir cerca de 119 reais mensais, cuidando para atualizar esse valor pela inflação a cada ano, pelo menos. Quando seu filho completar 14 anos, você terá verba suficiente para ser sacada aos poucos e garantir os três anos de bons estudos*[7]*. E, aproveitando que você terá verba disponível, negocie bons descontos para o pagamento à vista no início de cada ano escolar.*

Juros reais obtidos nas aplicações	Valor a poupar por mês
0,30%	R$ 171,61
0,50%	R$ 139,61
0,65%	R$ 119,04
0,75%	R$ 106,82
0,85%	R$ 95,69
0,95%	R$ 85,58
1,00%	R$ 80,89

***Faculdade** – Se seus filhos cursarem um bom ensino médio, terão maiores chances de freqüentar uma universidade pública gratuita. Mas, se seu filho não conseguir entrar num curso gratuito, esteja preparado para recorrer a*

6 Considerei aqui ganhos brutos de 1% ao mês, menos 15% de Imposto de Renda e menos uma inflação mensal de 0,2%.

7 Se quiser fazer suas próprias contas, baixe o arquivo Calculadora da Escola dos Filhos.xls, acessando na internet www.maisdinheiro.com.br/simuladores.htm.

alternativas. Uma delas é planejar-se para bancar a faculdade. Seguindo o mesmo raciocínio que utilizei para o ensino médio, os pais teriam de investir, no mesmo fundo de renda fixa com ganhos reais de 0,65% ao mês, cerca de 162 reais mensais (além dos investimentos para o ensino médio) durante dezesseis anos para arcar com quatro anos de faculdade. Estimei os gastos mensais em 1500 reais. Mas, se esse cuidado não foi tomado e sua vida já está correndo com os filhos em crescimento, é hora de agir. Com boa antecedência, procure as faculdades para discutir se há oferta de bolsa de estudos, financiamento do curso pela própria faculdade ou por algum programa de incentivo a pesquisas. Inúmeras instituições sem fins lucrativos oferecem bolsas de estudo a alunos que se destacam, seja no desempenho escolar, nas pesquisas ou até mesmo no vestibular.

***Governo** – Normalmente, o governo oferece programas de incentivo a estudantes de baixa renda. Muitas famílias simplesmente perdem tais oportunidades por deixar de pesquisá-las. As denominações dos programas e suas principais características de acesso não são permanentes, uma vez que seu lançamento é usado para fins políticos, causando alterações nas regras a cada quatro ou oito anos. Em 2006, os programas de maior abrangência oferecidos eram o Programa Universidade para Todos (ProUni) e o Fundo de Financiamento ao Estudante do Ensino Superior (Fies), ambos do Ministério da Educação*[8]*.*

***Bancos** – Os bancos vêm expandindo as alternativas de crédito para o mercado, e um dos segmentos que crescem é o do crédito educativo. Geralmente, as linhas de crédito mais vantajosas (com juros mais baixos) são oferecidas para cursos de pós-graduação, uma vez que o aluno tem maiores chances de alavancar sua carreira e arcar com o financiamento após o curso. Não*

8. Mais informações nos sites: http://prouni-inscricao.mec.gov.br/prouni/ e http://www.caixa.gov.br/Voce/Produtos/Linhas_de_Credito/FIES/.

deixe de procurar seu banco e pesquisar também em outras instituições para tratar dessa possibilidade. As condições de financiamento variam bastante de um banco para outro.

O grande mérito de meus pais em relação a meus estudos foi viabilizar boas escolas, o que me permitiu cursar duas faculdades e fazer um mestrado nas melhores instituições do país sem pagar nada. Eles até tinham tomado o cuidado de reservar recursos para pagar minha faculdade. Como a verba não foi utilizada, resolveram premiar a mim e a minha irmã com bons cursos de especialização, que ajudaram a fortalecer nossos currículos e nossas carreiras. Não ignore o importante investimento na educação de seus filhos.

Filhos não são investimento

No item anterior chamei a atenção para o importante investimento *na educação de seus filhos*. Tomei o cuidado de não falar em investimento *nos seus filhos*. Filhos não são investimento. Uma das mais freqüentes e equivocadas atitudes de pais em relação aos filhos é considerá-los como tal. Percebo em famílias de todos os níveis de renda que muitos pais se sacrificam para assegurar aos filhos a melhor educação, a aquisição de livros solicitados por professores, cursos de idiomas e cursos de especialização, entre outros, objetivando o sonhado sucesso na carreira. Contudo, antes mesmo de essa carreira começar a gerar frutos, esses pais já pressionam os filhos a retribuir o investimento feito, assumindo despesas da família.

Esses pais merecem o reconhecimento por colocar o sucesso de seus filhos em primeiro lugar. Mas não deveriam exigir desses jovens o retorno do investimento, até mesmo porque os pais devem entender sua responsabilidade de criar e educar os filhos. Se há algum investimento a gerar retorno, é o investimento de seu tempo para assegurar a seus filhos o necessário apoio e carinho que uma família deve suprir. Uma boa relação com os filhos gerará maior solidez familiar e provavelmente trará uma grande retribuição na mesma moeda investida. Talvez os filhos até desejem, de coração, contribuir com o pagamento de gastos de seus pais. Mas contribuição é diferente de imposição.

O investimento financeiro nos estudos dos filhos demorará longamente a gerar seus efeitos. Mesmo com boa educação, jovens inexperientes ganharão pouco. Muito menos do que estarão ganhando alguns anos depois, ao adquirir experiência. Mas é nessa época em que ganham pouco que eles devem começar a cuidar de seu futuro, antes de ter filhos, para assegurar estabilidade e tranqüilidade à nova família que se formará.

Se, nessa fase fundamental para o enriquecimento dos filhos, houver pressão dos pais pela retribuição dos investimentos feitos nos estudos, a pouca renda não resolverá as dificuldades financeiras dos pais e a situação fadará os jovens a um futuro pouco próspero. É o que chamo de perpetuar a pobreza de nosso país. Pais não constroem riqueza, dependem de seus filhos para se manter, trazem a eles dificuldades financeiras e a pouca herança deixada serve apenas para cobrir dívidas. Por não cuidarmos adequadamente de nosso futuro pessoal, conduzimos nossos filhos a um futuro de dificuldades.

Pais que penam para garantir os estudos dos filhos erraram no passado ao não se precaver para essa necessidade. Não devem cobrar os filhos por seus erros, mas sim começar a agir quanto antes para construir riqueza[9].

9. Se você não sabe como ou não acredita que é possível construir riqueza dependendo apenas de você mesmo, recomendo a leitura de meu livro *Dinheiro: os Segredos de Quem Tem* (Editora Gente).

Emprestar aos filhos versus *"paitrocinar"*

Como consultor financeiro, jamais recomendo que se empreste dinheiro a pessoas queridas. Empréstimos em família raramente funcionam, sejam eles entre pais e filhos ou entre quaisquer parentes e amigos próximos. Bons motivos certamente não faltarão. Para pessoas queridas: cobrir custos de um acidente, salvar uma empresa com problemas de caixa, garantir o pagamento da escola de um sobrinho ou viabilizar uma celebração importante em família. Para filhos: viabilizar uma viagem de férias ao exterior, pagar a entrada do primeiro automóvel, adquirir equipamentos para a prática de esportes, participar da tão sonhada competição esportiva ou fazer um curso de artes. Sempre haverá bons motivos para dar uma forcinha financeira. Mas evite emprestar. Se tiver vontade de ajudar, doe recursos. Patrocine os sonhos de pessoas queridas.

Empréstimo envolve uma relação de confiança, em que alguém transfere para outros parte dos frutos de seu sacrifício pessoal em troca de uma simples promessa de devolução. As intenções podem ser as melhores possíveis, mas as conseqüências não tardarão a vir. Como a ajuda financeira é uma situação constrangedora, normalmente a transação acontece com grande economia de palavras e raramente é documentada. "Fique tranqüilo, pague quando puder" é a expressão comumente usada. O problema é que não é muito fácil perceber a hora de "poder pagar". Alguma vez você já teve a sensação de ter dinheiro sobrando?

A novela dos problemas resultantes desse excesso de confiança entre parentes é conhecida de muitas famílias. Passado algum tempo, uma das duas partes estará incomodada com a postura da outra. Se o devedor demora a demonstrar sua vontade de pagar (o que é muito para alguns é pouco para outros), o credor começa a tecer comentários com seu companheiro a respeito da má vontade do outro. "O cara-de-pau parece nem se lembrar disso... Será que vamos levar um cano?" Por outro lado, se o credor está ciente das dificuldades do outro e resolve apenas tocar no assunto *dinheiro* para saber se a situação está equilibrada, é o devedor que começa a desconfiar que estão fazendo pressão para que ele pague. Então, ele compartilha com o companheiro: "É o que dá tomar emprestado de parente... Agora temos que conviver com a cobrança dentro de casa!" Quando uma das duas situações acontece, o clima já passa a não ser o mesmo nos encontros entre eles, o que começa a gerar certo distanciamento. A freqüência de encontros diminui e, depois de um tempo, começam a surgir empecilhos para que aconteçam.

O problema é inevitável, pois a ausência de regras rígidas cria uma situação flexível, cujos limites serão interpretados de formas diferentes por cada parte. São raros os casos de consenso. E pode ser ainda pior quando se resolve estabelecer um contrato entre as partes, pois o devedor pode interpretar que não há confiança do outro em sua boa vontade de pagar. Se, por algum motivo, acontecer de se estabelecer um empréstimo entre pessoas muito íntimas, minha sugestão é que a parte devedora mantenha uma postura extremamente ativa, propondo a elaboração de um contrato, contatando o credor freqüentemente para agradecer-lhe e prestar contas de sua situação e procurando quitar seu compromisso quanto antes. Mesmo que o credor insista em recusar tal postura. É a única maneira de preservar a qualidade do relacionamento.

Se você emprestar dinheiro a seus filhos, dificilmente terá deles essa postura ativa, por duas razões: a inexperiência em conflitos desse tipo e a limitada renda que jovens têm, normalmente exigindo deles prazos maiores para saldar compromissos. Para preservarem seu relacionamento com os filhos, os pais devem seguir a mesma recomendação válida para ajudar outros parentes e amigos próximos. Usando um neologismo, "paitrocine", isto é, doe recursos, ou então dedique seu tempo e seus recursos não financeiros. É melhor aproveitar sua experiência e seu conhecimento de bancos para orientá-lo a buscar crédito numa instituição financeira, por exemplo. É melhor também oferecer um estágio remunerado a seu filho, emprestar seu carro até que ele possa comprar o próprio ou pagar um fim de semana de lazer para que ele tenha folgas no orçamento, em vez de propor um contrato de empréstimo. Os papéis de pai e mãe não devem ser confundidos com o papel dos bancos.

8 Capítulo

Filhos mais ricos

Preparar filhos para a riqueza não é uma tarefa simples, ainda mais numa sociedade que está apenas engatinhando em relação a seu potencial de construção de riqueza. Devido a nossas raízes culturais e religiosas, muitos ainda vêem o enriquecimento e o lucro como resultados da exploração de terceiros, algo de que você deve manter distância para garantir seu lugar no céu. Pode ser que você enfrente resistências de pessoas queridas ao esclarecer sua preocupação com o enriquecimento dos filhos. Mantenha firme o mesmo propósito que provavelmente trouxe este livro a suas mãos: o bem-estar tem seu preço, e você sabe que a construção de riqueza trará mais qualidade de vida, segurança e tranqüilidade para sua família, se feita com os devidos valores morais.

Provavelmente, o enfoque que dei ao texto deste livro pode ter lhe dado a impressão de que todas as decisões que tomamos na vida são de caráter econômico-financeiro. E realmente o são. Você pode escolher amar, curtir a família, doar, relaxar e fazer várias outras coisas que lhe farão bem sem que exista alguma interação com dinheiro nessas escolhas. Mas, para ter tempo para tais prazeres, você precisa estar tranqüilo e seguro. Talvez precise abrir mão de horas de trabalho que lhe remunerariam bem. Talvez sua tranqüilidade dependa da contratação de um seguro, ou de uma forte disciplina para manter tal qualidade de vida sem extrapolar seu orçamento. Boas escolhas em relação a seu limitado dinheiro podem lhe trazer paz. Você imaginaria uma pessoa atolada em dívidas espreguiçando-se deliciosamente a cada manhã, ou então pulando da cama para dizer um saltitante "bom-dia" aos filhos? Se essa pessoa não estiver em paz com suas finanças, seu dia começará bem diferente. Isso não quer dizer que ela estará sempre optando pela alternativa mais rentável ou pela mais barata. Simplesmente terá opções a fazer, o que muitos endividados infelizmente não têm.

É por isso que, no meu papel de especialista da área, procurei abordar situações importantes da educação dos filhos sob a ótica financeira. Para que você entenda os porquês de algumas falhas e procure eliminá-las. Não espere, com apenas bons conhecimentos de finanças, formar adultos sadios, equilibrados, capazes de tomar conta de si mesmos e de relacionar-se adequadamente com o mundo que os cerca. Outros fatores serão fundamentais nessa jornada comum entre pais e filhos, como o companheirismo, o respeito, a atenção à saúde e à alimentação, o convívio social e a proteção, entre outros.

O que os pais deveriam esperar dos filhos adultos

Salientei no capítulo anterior que filhos não são investimento. Essa percepção é importante para que os pais não passem boa parte da vida esperando uma riqueza que talvez nunca venha. O maior retorno que os filhos podem dar vem na forma de gratidão, respeito e carinho – coisas simples que faltam a muitos pais hoje em dia.

Com boa educação, nossos filhos provavelmente irão longe, pois a educação não só prepara para o melhor como também ajuda a evitar o pior. Com boa educação financeira, você os ajudará a construir uma vida rica de momentos felizes e mais segura, além de ajudá-los a evitar muitas armadilhas em que você provavelmente já caiu.

Seus filhos são seres humanos, e essa condição dá a eles o direito de errar. Não cultive apenas o sucesso e a perfeição. Seja pai ou mãe também na hora do fracasso, pois muitos fracassos trarão lições importantes para seus filhos, como trouxeram para você. Evite pressioná-los por conquistas financeiras, pelo sucesso empresarial, pela fama como artistas ou desportistas. Pode ser que o grande sonho de seus filhos seja apenas o de serem pais ou mães competentes como você se esforçou em ser. Se as escolhas deles respeitarem suas vontades íntimas e eles trabalharem com paixão, é provável que o sucesso ou o reconhecimento batam à porta quando eles menos esperarem.

Uma boa educação financeira pode ajudar a despertar o espírito empreendedor de seus filhos, uma vez que eles podem crescer com maior avidez pela conquista de resultados. Contudo, o espírito empreendedor envolve também lidar com pessoas, negociar, desenvolver uma visão abrangente dos problemas e vender idéias. Essas qualidades não são desenvolvidas simplesmente com educação financeira. Um universo de escolhas feitas pelos pais ajudará a preparar os filhos para a vida.

De qualquer forma, uma vida rica envolve equilíbrio. O bom planejamento financeiro pode fazer com que seus filhos viabilizem uma vida de bons momentos e construam fortuna com disciplina ao longo de vários anos. Pode ser que você não viva o suficiente para que eles compartilhem com você saldos bancários milionários. Mas saber que criou as bases necessárias para que eles cheguem lá um dia será a certeza de que boa parte de seu papel de pai ou mãe foi cumprida com sucesso.

Riqueza da família

Famílias que sabem construir riqueza e lidar bem com ela normalmente abandonam, com o tempo, o foco no patrimônio ou na riqueza em si. Talvez, até conquistar um nível de independência financeira, você precise olhar todos os dias para a foto da casa de seus sonhos grudada no espelho da penteadeira. Contudo, à medida que sonhos materiais vão sendo conquistados, novos sonhos normalmente deixam de ser o foco de atenção e mesmo assim continuam acontecendo.

Um casal pode sacrificar-se por anos e anos até quitar a casa própria. Quando isso acontecer, é provável que, com muito menos sacrifício, consiga uma casa de campo ou de praia. Isso não quer dizer que a sorte aumenta ao longo da vida. Três fatores imperceptíveis passam a fazer parte dos planos de famílias que enriquecem.

O primeiro deles é o *aprendizado*. Parece difícil realizar os primeiros sonhos porque não estamos acostumados a fazer planos para atingi-los. Com o tempo, aprendemos a fazer melhores escolhas para nosso dinheiro e adquirimos uma disciplina que não existia no início.

Outro fator importante é a *consolidação da renda*. Com o tempo e, principalmente, com o nascimento dos filhos, o maior grau de responsabilidade faz com que as decisões de gastos dos pais sejam mais contidas e conservadoras. Isso acontece simultaneamente ao natural incremento da renda da família, devido ao aumento da experiência profissional dos pais.

O terceiro fator, que acredito ser o mais importante e também o mais imperceptível dos três, é a *motivação trazida pela conquista*. Quem já quitou o financiamento de uma casa ou um longo financiamento de automóvel sabe que a sensação de prazer é indescritível. Consolidar conquistas traz para o lar uma deliciosa energia que nos motiva a fazer novos planos e novos sacrifícios para realizá-los. É essa motivação, uma espécie de vício empreendedor, que faz com que as escolhas passem a ser menos pautadas na necessidade do que na celebração em família.

Quem compra uma casa de campo não quer simplesmente "um lugar fora da cidade para descansar". Sem dúvida, o que essa pessoa quer é um lugar para reunir a família e os amigos. É essa motivação familiar que passa a mover as escolhas dos adultos quando seus filhos começam a dar sinais de querer maior independência. E esse é o grande sentido da riqueza da família. É para realizar sonhos dessa natureza que filhos se unem aos pais para a compra de um carro, de uma casa ou de uma viagem, que um cunhado paga a reforma da casa do outro e que filhos menores se esforçam para reduzir seus gastos. Mais que buscar a segurança, a riqueza da família está na realização de sonhos. Com filhos adultos, o patrimônio dos pais confunde-se com o deles. A separação acontece apenas na Declaração de Imposto de Renda de cada um. Pouca diferença faz de onde sai a verba para pagar os gastos de fim de semana. O que importa é que tais gastos garantem momentos felizes em família.

É por esse motivo que, com o passar dos anos e com a reaproximação entre pais e filhos que costuma acontecer pela vinda dos netos, deve ser incentivada novamente a conversa familiar sobre dinheiro, a fim de evitar a acumulação excessiva. Com o convívio mais intenso de avós e netos, parte dos gastos dos avós passa a ser suprida pelos filhos ou vice-versa. Se pais com boa gestão de suas finanças procuram manter seu patrimônio, ao mesmo tempo em que filhos buscam sua independência financeira cada vez mais cedo, o resultado pode ser uma renda duplamente assegurada – pois, um dia, o patrimônio dos pais passará aos filhos. Essa é a razão que leva muitos pais de classe média a incentivar seus filhos a viver bem e curtir a vida. No fundo, sabem que seu patrimônio pessoal dará uma boa força na segurança da família futuramente. Cabe aos filhos, de maneira responsável diante de tais incentivos, não exagerar na dose para não comprometer a segurança de seus pais.

Doar é parte do sentido da riqueza

Por preocupar-se com a educação financeira de seus filhos, sem dúvida alguma você estará feliz se, um dia, seu filho realizar a façanha de quebrar um cofre cheinho de moedas. Sinal de que ele aprendeu a dar atenção aos princípios financeiros fundamentais e desenvolveu a disciplina necessária para colocá-los em prática. Quebrar o primeiro cofrinho é um passo importante para um filho capaz de construir riqueza, talvez tão importante quanto o engatinhar para que ele ande alguns meses depois.

Destaquei ao longo do livro a importância do consumo como contraponto da acumulação: somente quando ambos estão em equilíbrio é que se obtém o real significado de riqueza. Em outras palavras, riqueza presente sem garantias para o futuro ou a certeza de um futuro próspero sem vida presente são duas faces da mesma moeda. Não há sentido em chamar de riqueza uma situação que tem um lado de pobreza.

Mas um ponto importante a salientar é que a riqueza não envolve somente a dualidade presente-futuro. Ela tampouco faz sentido se for construída somente para você; para ter algum sentido, ela deve ser compartilhada. Por isso, a intenção de comprar bens de alto valor leva em consideração a percepção do outro. Compramos uma casa de campo para nossos amigos e familiares, compramos um veleiro para convidar alguém a nos acompanhar, fazemos viagens com amigos para depois rirmos das fotos. Há algum sentido em comprar jóias para si mesmo? É importante assegurar, portanto, como parte da educação financeira, o prazer da conquista para todas as pessoas que se beneficiam dela. Não é o bem-estar de seu filho que deve ser valorizado, mas sim o bem-estar das pessoas a quem ele quer bem. Isso é mais simples de ser compreendido por uma criança que os aspectos financeiros em si.

Pelo mesmo motivo, estimule em seus filhos a atitude de doar. Quando você fizer qualquer tipo de doação, seja de roupas, verbas, gorjetas, tempo ou comida, lembre-se de mostrar a seu filho que é papel daqueles que têm sucesso retribuir à sociedade as oportunidades e o reconhecimento que os fizeram prosperar. Esse tipo de estímulo ameniza a percepção, incômoda para as crianças, de que a vida é uma competição em que, para você vencer, outros têm de perder. O estímulo à doação não deve esperar uma idade certa. Pode começar até mesmo no primeiro cofrinho de seus filhos. Eles adorarão a idéia.

Todos ganham

Faço questão de reforçar em todos os meus livros o poder multiplicador que a riqueza tem na sociedade. O melhor jeito de erradicar a maior parte da pobreza de um país é com educação de qualidade, que inclua ensinamentos básicos para a construção de riqueza, como os que apresento neste livro. Estou absolutamente certo disso.

Eu adoraria que pais e mães percebessem que podem e devem garantir o pagamento não somente das contas do mês, mas também das contas da aposentadoria, e que o esforço para conseguir isso não é descomunal, se feito na hora certa. Quando isso passar a acontecer, vidas serão transformadas, transformando a sociedade também.

Em vez de perpetuarmos pobreza, com filhos cobrindo os erros dos pais, passaríamos a multiplicar riqueza, com filhos recebendo de herança dos pais os frutos de uma vida bem planejada. Famílias mais ricas gastam mais, enriquecendo as empresas que lhes vendem produtos e serviços, que por sua vez empregam mais pessoas. Se dependermos da boa vontade política para mudar nossa sociedade, daqui a 500 anos estaremos em situação pior que a da época do descobrimento do país. Assumir a missão de cuidar do futuro de seus filhos é, acima de tudo, um ato de cidadania que multiplicará efeitos para pessoas que você jamais conhecerá.

Por essa razão, incentivo especialmente a criação de grupos para tratar do assunto. Compartilhe com outros pais seus objetivos de construção de riqueza. Faça circular entre pessoas queridas este e outros livros que ensinam a construir riqueza. Se você, pai ou mãe, sentir-se à vontade para tratar do assunto, ofereça-se como voluntário ao grupo de pais da escola de seus filhos ou de sua igreja para palestrar sobre o tema aos demais. Você perceberá como o retorno dessa nobre atitude virá rapidamente.

Nunca é tarde para ajudar seu filho

Você deve ter percebido que a educação financeira dos filhos depende mais da transformação dos pais que da das crianças. Seus filhos provavelmente terão dificuldades em lidar com dinheiro se vocês:

- não corrigirem suas próprias deficiências quanto ao uso do dinheiro;
- não dedicarem tempo a eles;
- não entenderem que a educação financeira demanda seu tempo e dedicação, para viabilizar atividades interessantes, infantis e criativas.

Não cultivo a ilusão de que, com este texto, estou tornando fácil a tarefa de educar filhos. Ela sempre foi e continuará sendo uma tarefa árdua, complexa, às vezes ingrata, mas, sem dúvida, apaixonante. Meu objetivo, com este trabalho, foi compartilhar com milhares de leitores idéias e sugestões que, quando aplicadas, vi funcionar muito bem ao acompanhar a vida de famílias com e sem problemas financeiros.

Talvez você tenha sentido que algumas orientações aqui fornecidas sejam tão importantes para você quanto para seus filhos. Não, você não é um adulto com alguma síndrome de infantilidade. Se você aprendeu muitas coisas importantes para sua vida financeira pessoal adulta, é um bom sinal. Nunca é tarde para obter conhecimentos que teriam sido muito úteis lá na sua infância. Coloque-os em prática, e faça o bem de ajudar seus filhos a colocá-los também.

Se você tem filhos e sente que está procurando meios de educá-los para as finanças tarde demais, sinto informá-lo que você está errado. Nunca é tarde para ajudar seu filho, principalmente porque ainda vivemos no país com os maiores juros do mundo, com um sistema financeiro entre os mais modernos e informatizados do mundo e com uma abundância de informações que ainda fazem do Brasil um dos melhores lugares do mundo para construir riqueza. Aproveite essa situação porque, com a consolidação da estabilidade econômica e, principalmente, com o esperado enriquecimento das empresas e das famílias, a competição pela riqueza exigirá dos investidores do futuro maior dedicação à busca de informações.

Não importa quanto você conseguirá gerar de riqueza para seus filhos. O que importa são as lições que você tem a passar para eles, as quais tenho certeza de que não serão esquecidas tão cedo.

Desejo sucesso e muita riqueza em sua família. De preferência, com muito dinheiro também!

Para mais informações e
contatos com o autor:
www.maisdinheiro.com.br

Este livro foi impresso pela Prol Gráfica
em papel *offset* 90g.